LIJIE YU BIAODA

JIAOAN HUIBIAN

技工院校通用职业素质课程实验

理解与表达

（修订版）教案汇编

宦 平 主编

中国劳动社会保障出版社

简介

本书是技工院校通用职业素质课程实验教材《理解与表达》（修订版）的配套用书。本书紧扣教学要求，内容编制依照教材章节顺序展开。每课有4~6个教学设计供教师参考。

本书由宦平任主编，张雄、梁越月、张芳、雷巧灵、崔琪、刘宏磊、陆东、蒙霖、盖超、勾雪松、刘佳参加编写。

图书在版编目（CIP）数据

理解与表达（修订版）教案汇编/宦平主编. -- 北京：中国劳动社会保障出版社，2023

ISBN 978-7-5167-5982-0

Ⅰ. ①理…　Ⅱ. ①宦…　Ⅲ. ①汉语-应用文-写作-教案（教育）-技工学校　Ⅳ. ①H152.3

中国国家版本馆CIP数据核字（2023）第178765号

中国劳动社会保障出版社出版发行

（北京市惠新东街1号　邮政编码：100029）

*

北京市科星印刷有限责任公司印刷装订　　新华书店经销

787毫米×1092毫米　16开本　7印张　134千字

2023年9月第1版　　2023年9月第1次印刷

定价：20.00元

营销中心电话：400-606-6496

出版社网址：http://www.class.com.cn

http://jg.class.com.cn

目　录

第一课　关键词与主题

翻转课堂、知识与方法、示例

教学设计 1

单位：福州第一技师学院　　　　**作者：张雄**

模块名称	理解与表达	题目	第一课　翻转课堂、知识与方法、示例
课时	2 课时	教学对象	××级新生

一、学习目标

1. 能够在文本中准确提取关键词，在理解其基本含义的基础上，确定其在语境中的确切含义
2. 能够根据作者思路、文本结构厘清关键词之间的逻辑关系
3. 能够以寻找关键词为基本方法，结合相关知识背景，准确理解、提炼文本要点和主旨
4. 能够将“阅读—思考—理解”的结果转化为规范的文字，进行准确而简洁的表达

二、学习内容

1. 知识与方法
2. 示例：《敬业与乐业》（语段）
3. 学以致用：《一切都是相对的》

三、重点与难点

1. **重点**：从文本中提取关键词，并进行正确的理解。之所以作为重点，主要是因为关键词是理解文本主题的钥匙。主要通过“翻转课堂”“知识与方法”及“示例”等教学环节，让学生能够准确提取关键词并把握词的语境义

2. **难点**：根据文本思路，厘清关键词之间的逻辑关系，进而推导文本主题。之所以作为难点，是因为厘清、推导的过程是学生自主思考的过程，其思维方法是否正确难以直接观察，需要学生自主体悟并在教师的帮助下即时调整。主要通过“翻转课堂”“示例”“学以致用”等训练环节，让学生在方法的应用中，提升方法能力

续表

四、学习资源				
1. 场地与设备：一体化教室，分组摆放的课桌椅、多媒体教学设备 2. 工具与材料：A4 纸、手机、彩色卡纸和白板等 3. 教学材料：《理解与表达》教材、教学课件等				
五、教学实施过程				
教学环节	学生活动	教师活动	教学手段	教学方法
环节一 课前预习	1. 预习第一课“知识与方法”文本 2. 在班级微信群回复预习情况	1. 通过班级微信群发布预习内容，布置预习任务 2. 通过班级微信群检查学生预习情况	班级微信群 手机	
环节二 翻转课堂 （15 分钟）	1. 个人自主完成“翻转课堂”第 2 题 2. 分小组逐题讨论答案，并以小组为单位汇报结果 3. 就课件出示的题目进行抢答——淘宝上卖的是哪些东西？ （1）蓝色、双卡双待、超大屏幕、5G；（2）白色、百搭帆布、橡胶底、34~44 尺码、运动型；（3）个性风嘴、大风量快干、6 挡变速温控、可折叠手柄	1. 检查各组预习情况 2. 就“翻转课堂”第 2 题学生答题情况进行巡视点评 3. 抢答部分，要求学生说出根据关键词推导答案的思维过程，突出关键词的作用，强化厘清关键词之间关系的重要性	教学课件	讨论法
环节三 示例引导 （20 分钟）	1. 深度学习“知识与方法”文本 2. 回答教师相关问题	1. 指导学生深度理解“知识与方法” 2. 以“示例”《敬业与乐业》语段为例强化关键词提取、理解与推导的思维过程和基本方法 3. 就关键词的语境义、逻辑关系等提问学生，并启发学生自主得出结论	教学课件	启发法

续表

教学环节	学生活动	教师活动	教学手段	教学方法
环节四 学以致用 （30分钟）	1. 个人自主完成作业“学以致用” 2. 分小组，逐题讨论作业答案 3. 展示学习成果	1. 检查巡视各组学习讨论情况，回答学生提问 2. 听取各组学习情况汇报 3. 检查和归纳习题答案	教学课件 彩色卡纸 A4纸 白板	讨论法
环节五 课堂小测 （10分钟）	独立完成下列课堂测试： 1. 请把下列句子中“深”字与其相对应的含义进行连线：（1）这篇文章很深，初中学生读不懂；（2）只要功夫深，铁杵磨成针；（3）深谋远虑，才能立于不败之地；（4）他们两人交情很深，无所不谈；（5）夜已经很深了；（6）这道溪水很深 2. 请找出以下一段话中的关键词 匠人在重复，大师在创造。一个匠人，比如木匠，他总在重复做着一种式样的家具，高下之分只在他的熟练程度和技术精度。比如一般木匠每天做一把椅子，好木匠一天做三把、五把，再加上刨面更光，合缝更严等。但就算一天做到100把也还是一个木匠。大师则绝不重复，他设计了一种家具，下一个肯定又是一个新样子。判断他的高下是有没有突破和创新。匠人总在想怎么把手里的玩意儿做得更多、更快、更绝；大师则早就不稀罕这玩意儿，而在不断构思新东西	1. 组织测试，检查学生“一课一得”情况 2. 讲解答案，巩固学生学习成果	教学课件	诊断法

续表

教学环节	学生活动	教师活动	教学手段	教学方法
环节六 总结评价 （10 分钟）	聆听教师课堂总结	1. 总结本次课堂学习内容和结果，强调本课“知识与方法”的应用 2. 点评学生学习表现，评出最佳学习小组	教学课件	讲授法
环节七 布置作业 （5 分钟）	明确课后任务要求	1. 布置课后作业（请以“新中国”“72 周年”等为关键词，写一段 100 字以内的国庆献词） 2. 布置课后复习内容和要求（完成题三《网络社交中表情符号的表达与象征意义分析》）	教学课件	

六、学业评价

1. 根据课堂测试结果，按 80%权重折算成分数
2. 根据各小组整体表现，由教师给出小组成绩，再由各小组给出个人成绩，按 20%权重折算成分数

七、教学反思

教学结束后反思得失，提出教学策略、方法与手段的改进方向和措施

教学设计 2

单位：淄博市技师学院　　　　　　　　　　　　　　**作者：张芳**

模块名称	理解与表达	题目	第一课　知识与方法、示例、学以致用
课时	2 课时	教学对象	××级新生

一、学习目标

1. 能够在文本中准确提取关键词，在理解其基本含义的基础上，确定其在语境中的确切含义
2. 能够根据作者思路、文本结构厘清关键词之间的逻辑关系
3. 能够以寻找关键词为基本方法，结合相关知识背景，准确理解、提炼文本要点和主旨
4. 能够将“阅读—思考—理解”的结果转化为规范的文字，进行准确而简洁的表达
5. 能够运用提取和列举关键词的方法，完成自我介绍和专业介绍

二、学习内容

1. 关键词（关键信息）的定义
形式：词（名词、动词、形容词、关联词）、短语、句
作用：体现主要内容、中心思想；阐述事理、表达情意
2. 如何把握关键词
（1）整体把握、纵观全局
（2）准确理解词义（知识的积累）
（3）背景和经验
（4）厘清词与词的关系
3. 学以致用
以《一切都是相对的》为载体开展实践

三、重难点分析

重难点分析	突破方法
重点： 1. 关键词的定义 2. 如何把握关键词 3. 厘清关键词之间的逻辑关系	通过示例分析，讲解掌握提取关键词、厘清关键词逻辑关系的方法，再通过组织学习活动让学生运用和练习所学方法。最后在活动练习和文本练习中巩固所学知识
难点： 根据关键词之间的逻辑关系推导文本主旨	练习法：课上通过文本练习，掌握从关键词推导文本主旨的方法；课后通过列举关键词（关键信息），完成片段写作

四、学习资源

1. 场地与设备：一体化教室、分组摆放的课桌椅、多媒体教学设备
2. 工具与材料：A4 纸、白板等
3. 教学材料：《理解与表达》教材、教学课件等

续表

五、教学实施过程				
教学环节	学生活动	教师活动	教学手段	教学方法
环节一 导入新课 （演一演） （10分钟）	观看视频，学生代表分角色表演视频中服务员和客人的对话 思考：1. 良好的理解与表达能力对我们生活和工作的意义 2. 服务员为什么能成功推荐地三鲜这道菜	教师介绍《理解与表达》课程安排以及开设这门课的意义 播放两个视频材料：一个是服务员在餐厅成功推销地三鲜这道菜的视频，另一个是服务员推销失败的视频。让学生分角色表演视频对话，感受表达对生活的影响 **视频对话** 服务员：女士，要不要试一下我们店的特色菜，地三鲜。 客人：我不吃地三鲜。 服务员：好的，没问题。那我们为您准备炒茄子、土豆和青椒。 客人：能不能不要炒的，不健康。 服务员：好的，没问题。那我们的烹饪方式改为少许油加热后，再放青椒、茄子和土豆进去搅拌。 客人：我不想吃土豆。 服务员：好的，没问题。那给您把土豆换成马铃薯。 客人：我今天还是想吃西餐。 服务员：好的，没问题。那为您准备普罗旺斯茄块烩马铃薯，里面可能会有一些青椒作为辅料。 客人：你会做日料吗？ 服务员：好的，没问题。茄块马铃薯青椒综合串烧。帮您拆串放在一起。您看可以吗？ 客人：嗯，行。 服务员：（到后厨后）三号桌，地三鲜一份啊	课件视频	角色扮演法

续表

教学环节	学生活动	教师活动	教学手段	教学方法
环节二 切题分析 （10 分钟）	1. 学生举手回答上一环节提出的问题 2. 找出对话中有关顾客的关键信息，写在纸上 3. 勾画课本重要知识点	引导学生分析视频一中服务员为什么能够成功推荐地三鲜 指导：服务员能够抓住关键信息（关键词） 让学生找出对话中有关顾客的关键信息 引出知识点： 什么是关键词？关键词（关键信息）的定义 形式：词（名词、动词、形容词、关联词）、短语、句 作用：体现主要内容、中心思想；阐述事理、表达情意	课件 A4 纸	头脑风暴 讨论法
环节三 学习活动 竞选组长 （15 分钟）	运用提取关键词的方法完成 1 分钟竞选词。优秀学生参加小组组长竞选	把学生按 6~8 人一组分成五组，交代活动要求 展示要点：如何组织竞选词、关键词从哪些方面提取（展示自我介绍知识点） 组织学生竞选组长 对学生的竞选进行点评指导	课件	练习法
环节四 翻转课堂 （15 分钟）	1. 自学“知识与方法”和“示例”，完成“翻转课堂”中的问题，小组合作讨论，找出关键词，概括材料要点 2. 小组代表展示成果，并阐述自己的分析思路	展示问题：人的一生只有一次青春。现在，青春是用来奋斗的；将来，青春是用来回忆的。——习近平 1. 根据整体文意，该文段中的关键词有哪些？其在语境中的基本含义是什么？ 2. 借助该文段，习近平总书记表达了对新时代中国青年怎样的殷切希望？ （指导学生思考，点评学生思路）	课件教材	合作探究法 练习法

续表

教学环节	学生活动	教师活动	教学手段	教学方法
环节五 疑义共析 （10分钟）	深度学习“知识与方法”文本，思考老师提出的问题，小组讨论，派代表回答	1. 示例“汽车跑得快，阎王最喜爱”中的关键词是什么？整个标语想表达什么含义？ 2. 就关键词的语境义、逻辑关系等提问学生，启发学生自己得出把握关键词的方法 3. 总结如何把握关键词： （1）整体把握、纵观全局 （2）准确理解词义（知识的积累） （3）背景和经验 （4）厘清词与词的关系	课件教材	讨论法 启发法
环节六 学以致用 （20分钟）	1. 个人自主完成“学以致用”：《一切都是对的》练习题 2. 小组讨论答案 3. 小组展示学习成果	1. 检查巡视学生做题情况 2. 听取各组学习汇报 3. 总结、展示习题参考答案	教材 A4纸 白板	练习法
环节七 总结评价 （5分钟）	1. 聆听教师总结 2. 小组长完成对组员的评价	1. 总结本次课堂学习内容和结果，强调本课“知识与方法”的运用 2. 评出最佳学习小组，评价学生表现	课件	讲授法
环节八 布置作业 知识迁移 （5分钟）	明确课后任务要求	布置作业： 1. 预习训练一，完成题一 2. 用5~10个关键词来介绍自己所学专业，并组织概括成一段话（可长可短）	课件	任务驱动法 反馈法

续表

六、学业评价
1. 根据课堂表现，教师给各个小组评价打分，再根据个人表现对每位学生进行评价，占总评价的 70% 2. 小组长对本组组员进行评价，占总评价的 30%
七、教学反思
教学结束后反思得失，提出教学策略、方法与手段的改进方向和措施

训练一　整体感知与关键信息

教学设计 3

单位：淄博市技师学院　　作者：张芳

<table>
<tr><td>模块名称</td><td>理解与表达</td><td>题目</td><td>第一课　训练一　整体感知与关键信息</td></tr>
<tr><td>课时</td><td>2 课时</td><td>教学对象</td><td>××级新生</td></tr>
<tr><td colspan="4">一、学习目标</td></tr>
<tr><td colspan="4">1. 通读文本后，能说出文本的大体内容
2. 能准确解读所圈点词句在语境中的含义
3. 能根据文意，从所标注词句中提炼关键信息，厘清逻辑关系
4. 能根据关键信息，概括文本主要内容或推导文本主旨</td></tr>
<tr><td colspan="4">二、学习内容</td></tr>
<tr><td colspan="4">1. 如何阅读文本
2. 如何解读关键信息：
（1）运用已有的知识和经验进行解读
（2）运用现代信息技术和相关路径、策略来进行更加准确和有效的解读
（3）将解读的结果代入文本，联系上下文进行检验
（4）圈出的关键信息是否可以构成一条线索或者一种逻辑关系
3. 完成题一、题二、题三、题四、题五</td></tr>
<tr><td colspan="4">三、重难点分析</td></tr>
<tr><td colspan="2">重难点分析</td><td colspan="2">突破方法</td></tr>
<tr><td colspan="2">重点：
根据文意，从所标注词句中提炼关键信息，并解读关键信息</td><td colspan="2">练习法：通过文本练习，锻炼学生提取关键信息、解读关键信息的能力</td></tr>
<tr><td colspan="2">难点：
根据关键信息，概括文本主要内容或推导文本主旨</td><td colspan="2">练习法：通过文本练习，让学生复述文本内容，概括段落大意，厘清关键信息的逻辑关系，从而推导文本主旨</td></tr>
<tr><td colspan="4">四、学习资源</td></tr>
<tr><td colspan="4">1. 场地与设备：一体化教室、分组摆放的课桌椅、多媒体教学设备、网络学习平台
2. 工具与材料：A4 纸、白板等
3. 教学材料：《理解与表达》教材、教学课件等</td></tr>
</table>

续表

五、教学实施过程				
教学环节	学生活动	教师活动	教学手段	教学方法
课前任务	1. 提交“介绍本专业”的片段写作，发送到网络学习平台 2. 完成训练一题一的所有题目	批改学生所交作业，提出修改意见。把写得好的作业放到学习平台展示	学习平台	反馈法
环节一 温故知新 （15 分钟）	1. 阅读“你说我猜”的游戏规则，每组派两名学生参加，哪一组在 1 分钟内猜对的词语多，哪一组获胜 2. 思考： （1）如何提取关键词去描述这个事物 （2）如何抓住对方提供的关键信息，答对题目 3. 分析胜出小组获胜的原因	1. 通过游戏检测学生对上节课所学“知识与方法”内容的运用和掌握情况 2. 展示“你说我猜”游戏规则： （1）每组派两名同学上场参赛 （2）一个描述一个猜，在一分钟内答对题目最多的一组获胜 （3）负责描述的同学用语言描述，但是不能描述某个字的读音或写法 （4）答不上来的可以说“过”，就跳入下一题，每组共 10 道题 （准备 5~6 组词语：水果类、蔬菜类、卡通人物类、体育类、食品类等） 3. 教师进行总结点评，分析原因 4. 指出：我们不仅要学会正确提取关键词，而且要学会正确解读关键词	教学课件 游戏课件	游戏法

续表

教学环节	学生活动	教师活动	教学手段	教学方法
环节二 翻转课堂 （20 分钟）	1. 小组代表展示题一的答题情况，说出自己的答题思路 2. 讨论：答案是否正确，是否同意他的答题思路？如果不同意，你是如何思考的	1. 指导点评。通过解读题目中“问题”“关键”这两个词的文义，总结知识点：如何解读关键信息 （1）运用已有的知识和经验进行解读 （2）运用现代信息技术和相关路径、策略进行更加准确和有效的解读 （3）将解读的结果代入文本，联系上下文进行检验 2. 指导学生进行压缩句子的练习，培养厘清关键信息之间的逻辑关系的能力	教学课件 教材	归纳总结法
环节三 小试牛刀 （20 分钟）	1. 个人自主完成题二《园林建筑的空间美感》 2. 小组讨论答案 3. 小组展示学习成果	1. 检查巡视学生做题情况 2. 听取各组学习汇报 3. 展示习题参考答案 4. 总结知识点：给图片拟标题是考查学生推导文本主旨的能力。不仅要看图片，还要结合文本给出的关键信息，才能得出答案	教材 A4 纸 白板 教学课件	小组讨论法
环节四 学以致用 （20 分钟）	1. 个人自主完成题四《跨越百年的美丽》，并复述文本内容 2. 小组讨论答案 3. 小组展示学习成果	1. 检查巡视学生做题情况 2. 听取各组学习汇报 3. 总结、展示习题参考答案	教材 A4 纸 白板	讨论法 练习法

续表

教学环节	学生活动	教师活动	教学手段	教学方法
环节五 总结评价 （10分钟）	1. 小组长完成对组员的评价 2. 聆听教师总结	1. 总结本次课堂学习内容和结果，强调正确解读文本信息、推导文本主旨的方法 2. 评出最佳学习小组，评价学生表现	课件	讲授法
环节六 布置作业 知识迁移 （5分钟）	明确课后任务要求	布置作业： 1. 完成训练一题三和题五的内容 2. 复述题五的文本内容 3. 预习训练二	课件	任务驱动法 反馈法

六、学业评价

1. 根据课堂表现，教师给各个小组打分，再根据个人表现以及作业的完成情况给每位学生评价，占总评价的70%
2. 小组长对本组组员进行评价，占总评价的30%

七、教学反思

教学结束后反思得失，提出教学策略、方法与手段的改进方向和措施

教学设计 4

学校：广东省电子商务技师学院　　作者：刘宏磊

模块名称	理解与表达	题目	第一课　训练一　整体感知与关键信息
课时	2 课时	教学对象	××级新生

一、学习目标

1. 通读文本后，能说出文本的大体内容
2. 能运用圈、划等方式，将文本重要词句标注出来
3. 能准确解读所圈点词句在语境中的含义
4. 能根据文意，从所标注词句中提炼关键信息，厘清其逻辑关系
5. 能根据关键信息，概括文本主要内容或推导文本主旨

二、学习内容

1. 通读文本，标注关键信息
2. 解读标注出来的关键信息
3. 厘清关键信息的逻辑关系
4. 概括文本主要内容或推导文本主旨

三、重难点分析

1. **重点**：根据文意，从所标注词句中提炼关键信息

突破方法：练习和自我感悟。学生通过练习，尝试提取、筛选，最终确认关键信息。教师在这个过程中，通过启发学生，引导学生自我感悟

2. **难点**：根据关键信息，概括文本主要内容或推导文本主旨

突破方法：头脑风暴。引导学生记录自己的观点，调动学生修正小组其他人的观点，形成小组观点，再引导学生在小组间进行整合，互相启迪，学会概括

四、学习资源

《理解与表达》教材、课件、手机

五、教学实施过程

教学环节	师生活动	教学方法
新课导入 （10 分钟）	教师：要求学生根据课前自学的“训练提示”，尝试完成教材中的题一，并分组展示 学生：尝试完成题一，每组派一名代表展示小组成果 师生互动解析该题： 1. 第 1、第 2 题都是解读关键词的语境义。基本义已经在选项中列出，教师引导学生逐个代入，联系上下文进行解读，逐步排除，直到整体文意畅通，即确定语境义	分组教学法 案例教学法 启发教学法

续表

教学环节	师生活动	教学方法
新课导入 （10 分钟）	2. 第 3 题要求根据文意，将句子压缩到 15 字以内，结构不变 教师：引导学生通读文本，标注自认为的关键信息 学生：通读文本，做好标记 教师：通过提问“少了这个词是否影响整体文意”来启发学生，学生通过自问自答的方式，筛选出“问题”“关键”“实事求是”三个关键词。第三个关键词的提取是难点，要结合历史背景，文段下方注有“1978 年 6 月 2 日”的信息，这是党的十一届三中全会召开的时间，会议重新确立了党的实事求是的思想路线，据此判断“实事求是”是一个关键词 教师：要求学生通过手机查询关键词的基本义，并将基本义代入文本，联系上下文解读出语境义 学生：查询、解读关键词的语境义 教师：“把三个关键词的语境义串联一起，是否能构成整体文意？” 学生：将解读结果串联起来 教师：要捋顺三个关键词的关系。问题发生的决定性因素是脱离客观实际，因此要解决问题就要实事求是 教师：要求学生根据标记的关键词及解读概括文本 学生：小组内每个学生记录下自己的观点，组长组织小组开展头脑风暴，得出小组观点 教师：组织小组间头脑风暴，启发学生进行整合优化，得出最终结论 教师：根据答案和解析评价学生成果，引出本次课学习的内容	分组教学法 案例教学法 启发教学法
新课讲授 （20 分钟）	教师：结合教材中的题二讲授以下几个知识与方法的运用 1. 通读文本，标注关键信息 2. 解读标注出来的关键信息 3. 厘清关键信息的逻辑关系 4. 概括文本主要内容或推导文本主旨 问题 1. 能体现整个语段大体文意的句子是什么？为什么？ 教师：要求学生通读题二文本，标记出印象深刻的词句 学生：标记自认为印象深刻的词句 教师：要求学生标记关键词句，并提出问题一，提示学生关键词句可能不止一个句子，但有一个句子能体现整体文意 学生：标记关键词句，回答教师提问 教师：通过提问“少了这个词是否影响整体文意”，引导学生列出文中若干关键词句并加以分析，得出“窗子在园林建筑艺术中起着很重要的作用”一句能体现整体文意。原因是该句在段首，后面的内容都是对其含义的阐述	讲授法 启发式教学法

续表

教学环节	师生活动	教学方法
新课讲授（20分钟）	问题2. “有了窗子，内外就发生交流”是文中的一个关键句。请用文中现成的句子说明这种“交流”的具体内容 教师：要求学生解读关键句“有了窗子，内外就发生交流”中的“交流”一词，说出基本义和语境义 学生：利用手机查询，说出其基本义和语境义 教师：分析确定“交流”的基本义是彼此以自己有的供给对方；语境义是窗内和窗外以各自有的供给对方，窗内是人，窗外是风景和春风，两者产生了交流，具体到文本中，“交流”的含义是“数竹窗外碧，春风自吹入” 问题3. 文中配图即颐和园乐寿堂，根据语段中相关描述，为该图拟一个标题（不超过10个字） 教师：要求学生先根据标记的关键信息概括文段的主旨，不限字数 学生：根据自己的理解提炼文段主旨，讨论形成小组观点 教师：根据文段描述和文中配图启发学生，不断修正所拟标题，达到准确、精简，甚至文雅 学生：消化教师讲授的内容	讲授法 启发式教学法
学以致用（30分钟）	教师：给学生布置任务，任务为教材中的题三，要求学生在规定时间内分组完成后面三个问题 学生：根据已学习的知识和方法，分组尝试完成任务，将成果张贴到白板上 教师：观察学生完成情况，答疑解惑 学生：派一名代表展示小组成果 教师：根据学生任务完成效果，对薄弱环节再进行重点解析 学生：巩固知识与方法	行动导向法 分组教学法
任务评价（10分钟）	教师：依据教材参考答案对每个小组表现进行评价，按正确率高低酌情加分	反馈法
课堂小结（10分钟）	教师：通过提问的方式，回顾本次课四个知识点和方法 1. 通读文本，标注关键信息 2. 解读标注出来的关键信息 3. 厘清关键信息的逻辑关系 4. 概括文本主要内容或推导文本主旨	讲授法
课外作业（10分钟）	教师：要求完成教材中题四，并自学训练二的“训练提示”，巩固所学知识和方法	任务驱动法

续表

六、学业评价
1. 在教学过程中对小组和个别学生的表现即时进行评价 2. 基于教学目标，教师依据教材的参考答案对每个小组任务完成情况进行评价，以正确率排序，酌情加分
七、教学反思
1. 每个学生基础和背景不同，教学方法的选择运用是否能更加有效地让学生接受知识和方法 2. 教师对学生回答的评价是否灵活 3. 教师的教学语言是否便于学生理解

训练二　作者思路与文本结构

教学设计 5

学校：淄博市技师学院　　作者：张芳

<table>
<tr><td>模块名称</td><td>理解与表达</td><td>题目</td><td>第一课　训练二　作者思路与文本结构</td></tr>
<tr><td>课时</td><td>2 课时</td><td>教学对象</td><td>××级新生</td></tr>
<tr><td colspan="4">一、学习目标</td></tr>
<tr><td colspan="4">1. 通读文本，能说出文本由哪几个主要部分组成
2. 能概括文本各部分要点，提炼并准确解读关键信息
3. 能借助文本的文体、结构特征，厘清作者的写作思路
4. 能根据文本写作思路，把握关键信息在语境中的意义和作用
5. 能综合相关要素，概括文本主要内容或推导文本主旨</td></tr>
<tr><td colspan="4">二、学习内容</td></tr>
<tr><td colspan="4">1. 在规定时限内，从给定文本中列举关键词句
2. 根据关键词的变化调整句子语序，区分出句意的变化及作者思路的不同
3. 按照要求阅读给定文本，并填表格（关键词句、主要观点、文本结构）
4. 分析结构变化背后指向的作者思路变化，总结其对文本意义的影响</td></tr>
<tr><td colspan="4">三、重难点分析</td></tr>
<tr><td colspan="2">重难点分析</td><td colspan="2">突破方法</td></tr>
<tr><td colspan="2">重点：
借助文本的文体、结构特征，厘清作者的写作思路</td><td colspan="2">主要通过文本训练环节，让学生掌握“关键词句—关键词句之间的逻辑关系—理解文本主旨”的方法。通过扩写句子完成片段写作，让学生在方法的运用中提升能力</td></tr>
<tr><td colspan="2">难点：
综合相关要素，合理推导文本主题或写作意图</td><td colspan="2">练习法：课上课下多做练习</td></tr>
<tr><td colspan="4">四、学习资源</td></tr>
<tr><td colspan="4">1. 场地与设备：一体化教室、分组摆放的课桌椅、多媒体教学设备
2. 工具与材料：A4 纸、图片、白板等
3. 教学材料：《理解与表达》教材、教学课件等</td></tr>
</table>

续表

五、教学实施过程				
教学环节	学生活动	教师活动	教学手段	教学方法
课前	1. 完成训练一中题三和题五，对照参考答案，把疑难问题上传学习平台 2. 把复述题五文本的录音上传到学习平台	1. 提前上传题三和题五练习题答案，并进行线上答疑 2. 听学生复述文本的录音，指出问题 3. 上传预习的重点内容和要求（《匠人与大师》文本重点预习）	学习平台	反馈法
课中实施				
环节一 复习导入 （10 分钟）	参与“你说我画”游戏。按照老师说的游戏规则进行游戏，最后展示游戏成果。在游戏时同学们根据不同角色做思考 描述人：我要抓住图片的哪些关键信息，按照什么思路，怎样描述关键信息才能让同组同学准确地画出图片？ 绘画人：我要抓住哪些关键信息，才能画出准确的图片？	展示“你说我画”游戏规则： 1. 每一小组选一位同学来描述图片上的内容，其他同学根据描述画出图形 2. 每小组最后展示所画内容，与原图进行对比 3. 检测学生是否能够抓住关键信息，并准确描述 总结指出：描述一件事情，不仅仅要抓住关键信息，还要厘清表达思路，这样才能描述清楚，让听者明白	 图片 教学课件	游戏法
环节二 切题分析 （10 分钟）	1. 从给定的句子中找出关键词 2. 对比三句话中的关键词及句意有无变化	1. 让学生找下列句子的关键词 （1）没有下完的一盘棋 （2）没有一盘下完的棋 （3）没下完的棋有一盘 2. 点评 提问：关键词有无变化？意义有无变化？ 强调：思路不同，语序不同，文本意义也不同 对比例句，结合“你说我画”的游戏引出何为作者思路	教学课件 教材	练习法

续表

教学环节	学生活动	教师活动	教学手段	教学方法
环节三 疑难共析 （15 分钟）	1. 阅读题二《匠人与大师》文本，标注关键词句，提炼主要观点，厘清文本结构，完成第 1 小题 2. 思考：议论文、说明文、记叙文等文体的特征 3. 小组讨论，回答老师提问	根据文本《匠人与大师》 提问：文本结构？ （“总—分—总”） 提问：如果把最后的“总”结构去掉，会不会改变文段原意？作者的思路是怎样的？ 提问：实用性文章的结构特征？ 总结知识点：分析文本结构的方法 1. 抓住文体特征 2. 寻找标志性关键词语 3. 参考常用的三种结构方式 4. 分析词句语段的组合关系 启发：文本结构也是作者思路的一种轨迹	教学课件 教材	练习法 讨论法
环节四 小试牛刀 （10 分钟）	1. 阅读题三，个人自主完成第 1 小题 2. 小组讨论答案 3. 小组展示学习成果	1. 检查巡视学生做题情况 2. 听取各组学习汇报 3. 总结、展示习题参考答案	教学课件 教材	练习法 讨论法
环节五 巩固所学 （15 分钟）	1. 回答教师提问，根据要求，小组合作扩写句子，完成片段写作 2. 思考：关键词是什么？按照什么思路组织关键词，才能凸显主题？ 3. 小组展示成果	1. 根据调研，学生在校最想竞选的职位是学生会主席。围绕“竞选学生会主席”这一主题，提问：学生会主席应该具备什么能力？ 2. 选取学生说出的一个关键词（如领导力、组织力等），扩写句子，完成片段写作（5 句话左右） 3. 指导学生按照一定的思路来组织语言，完成片段写作 4. 点评小组完成情况	白纸	练习法

续表

教学环节	学生活动	教师活动	教学手段	教学方法
环节六 学以致用 （20 分钟）	1. 个人自主完成题三 2. 小组讨论答案 3. 小组展示学习成果	1. 检查巡视学生做题情况 2. 听取各组学习汇报 3. 总结、展示习题参考答案	教材	练习法
环节七 总结评价 （5 分钟）	1. 聆听教师总结 2. 小组长完成对组员的评价	1. 总结本次课堂学习内容和结果，强调借助文本的文体、结构特征，厘清作者写作思路的方法 2. 评出最佳学习小组，评价学生表现	课件	讲授法
环节八 布置作业 知识迁移 （5 分钟）	明确课后任务要求	布置作业： 1. 预习训练三 2. 完成题四、题五 3. 把课堂中练习的片段写作重新整理后上传到学习平台	课件	任务驱动法 反馈法
六、学业评价				
1. 根据课堂表现，教师给各个小组评价打分，再根据个人表现对每位学生进行评价，占总评价的 70% 2. 小组长对本组组员进行评价，占总评价的 30%				
七、教学反思				
教学结束后反思得失，提出教学策略、方法与手段的改进方向和措施				

教学设计 6

学校：淄博市技师学院　　作者：张芳

模块名称	理解与表达	题目	第一课　训练二　作者思路与文本结构
课时	2 课时	教学对象	××级新生

<table>
<tr><td colspan="2">一、学习目标</td></tr>
<tr><td colspan="2">1. 通读文本，能根据关键信息概括各自然段要点
2. 能根据文本结构与作者思路，划分段落，概括段落要点
3. 根据整体文意，能够就相关关键信息进行正确解读或推论
4. 综合相关要素，能概括文本主要内容，提炼文本主旨</td></tr>
<tr><td colspan="2">二、学习内容</td></tr>
<tr><td colspan="2">知识与方法：
1. 实用性文章的特点
2. 要点概括与主旨提炼的方法步骤
示例分析：
题一：《经营好自己一生中的三天》
学以致用：
题四：《庞氏骗局》</td></tr>
<tr><td colspan="2">三、重难点分析</td></tr>
<tr><td>重难点分析</td><td>突破方法</td></tr>
<tr><td>重点：
1. 实用性文章的写作特点
2. 要点概括与主旨提炼的方法步骤
3. 关键词之间的逻辑关系</td><td>根据所练习的文本，提炼方法步骤，课上扩充练习，学以致用</td></tr>
<tr><td>难点：
1. 准确提炼文本主旨
2. 将“阅读—思考—理解”的结果转化为规范的文字，进行准确而简洁的表达</td><td>练习法：课上提炼文章写作主旨，结合课后练习</td></tr>
<tr><td colspan="2">四、学习资源</td></tr>
<tr><td colspan="2">1. 场地与设备：一体化教室、分组摆放的课桌椅、多媒体教学设备
2. 工具与材料：A4 纸、白板、装有题目的信封等
3. 教学材料：《理解与表达》教材、教学课件等</td></tr>
</table>

续表

五、教学实施过程				
教学环节	学生活动	教师活动	教学手段	教学方法
课前任务	1. 完成训练二题二和题三。疑难问题上传学习平台 2. 重新整理的片段写作上传学习平台	1. 提前上传训练二题二和题三的答案，线上解答疑难问题 2. 批改学生的片段写作	学习平台	反馈法
环节一 复习导入 （10 分钟）	用一段话概括自己的过去、现在和将来。准备两分钟，学生代表展示成果 思考：怎样提取关键词，概括要点，完成片段写作？	1. 展示问题：用一段话概括自己的过去、现在和将来 2. 提问：你的写作思路 3. 点评学生成果 4. 引出文本练习题一	教学课件	练习法
环节二 切题分析 （25 分钟）	1. 小组派代表展示题一（《经营好自己一生中的三天》）完成情况，并回答教师所提出的问题 2. 小组讨论： （1）作者的写作思路 （2）如何概括要点和提炼主旨	聆听、观察、记录、并针对学生作答，提出问题 总结指导： 1. 阅读理解一般都要遵循“循文思道、因文释道、因道悟文”的解题思路 2. 要点概括与主旨提炼的方法： （1）根据题目和文体，划分具有相对独立意义的片段，概括段落大意 （2）弄清自然段的意思和作用 （3）过渡段如何划分	教学课件	练习法 讨论法
环节三 学以致用 （25 分钟）	1. 个人自主完成题四（《庞氏骗局》） 2. 小组讨论、明确答案 3. 小组展示学习成果	1. 检查巡视学生做题情况 2. 听取各组学习汇报 3. 总结、展示习题参考答案		

续表

教学环节	学生活动	教师活动	教学手段	教学方法
环节四 综合练习 （20分钟）	1. 每一小组派一名代表从信封里抽一道题，准备2分钟，然后回答 2. 其他学生思考教师提出的问题	1. 用一个信封装5~6道题，题目都来源于学生的学习生活（如：介绍一部你喜欢的电影；介绍一件让你最难忘的事；列出几个关键词，让同学们编故事等），每组派一个队员上来从信封里抽出一题，集体讨论2分钟，然后每组派一名学生展示本组结果 2. 教师提问： （1）从他的回答中你听到了哪些关键信息？ （2）他的答题思路是什么？ （3）他叙述的主题是什么？ 总结：这一活动能让学生充分运用在第一课“关键词与主题”中所学的知识与方法	信封 试题	练习法 讨论法
环节五 总结评价 （5分钟）	1. 聆听教师总结 2. 小组长完成对组员的评价	1. 总结本次课堂学习内容和结果 2. 评出最佳学习小组，评价学生表现	课件	讲授法
环节六 布置作业 知识迁移 （5分钟）	明确课后任务要求	布置作业： 1. 完成训练三题五 2. 预习第二课，完成翻转课堂内容	课件	任务驱动法 反馈法

续表

六、学业评价
1. 根据课堂表现，教师给各个小组评价打分，再根据个人表现对每位学生进行评价，占总评价的 70% 2. 小组长对本组组员进行评价，占总评价的 30%
七、教学反思
教学结束后反思得失，提出教学策略、方法与手段的改进方向和措施

第二课　解释与合理推论

翻转课堂、知识与方法、示例

教学设计 7

单位：淄博市技师学院　　　　　　　　　　　　　　作者：盖超

模块名称	理解与表达	题目	第二课　翻转课堂、知识与方法、示例
课时	2 课时	教学对象	××级信息技术专业

一、学习目标

1. 能够基于逻辑常识、联想思维及相关知识背景，正确解释文本中的关键信息在语境中的深层含义
2. 能够正确梳理关键信息在文中的作用
3. 能说出合理推论的方法（步骤）及禁忌
4. 能够在阅读中使用合理推论
5. 能够学以致用，在课堂讨论和课后交流时做到正确理解、合理表达

二、学习内容

1. 通过翻转课堂，完成课前自学
2. 解释文本中的关键信息
3. 解释合理推论的三种情况
4. 解释合理推论步骤
5. 解释合理推论的禁忌

续表

三、重难点分析

学习重点		学习难点	
重点内容	合理推论的步骤	难点内容	合理推论的方法及禁忌
突破方法	课前预习：初步感受合理推论的逻辑思路 课中学习：通过情境创设、小组合作、结果验证等方式，检验课前预习成果，引导学生自己总结合理推论的方法 课后拓展：巩固课堂学习成果	突破方法	创设学生熟悉的情境，从理解自己最熟悉的人开始，更容易在解读事物中把握合理推论的内涵，避免触犯合理推论的禁忌

四、学习资源

为有效保证学生学习活动，逐步完成学习目标，配合教学设计的展开，为学生匹配了丰富的软件资源和完备的硬件设备，线上和线下相结合，充分体现了以学生为中心的教学理念，激发学生自主、创新意识

（一）学习环境

智慧教室、智慧黑板、一体机、学生用计算机和电子终端设备

（二）学习平台及软件资源

在学习平台的使用和软件资源的选择上，以螺旋上升教学理论和“五育融合”的教育理念为指导，力求实现学习手段现代化、学习资源网络化、学习形式多样化、学习媒介数字化，最大限度地发挥“问题引导下的自主学习”优势，激发学生学习主动性，体现学生在任务中的主体地位，有效提高学习效率

（三）硬件资源

名称	资源图片	应用环节	资源用途
手机或其他移动终端设备（自备）	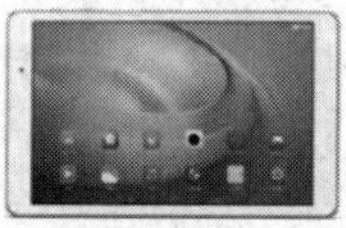	课前 课中 课后	学习通接收任务、任务分工、组内协作、在线评价等
智慧黑板（1块）		课中	贯穿教学全过程，展示任务知识点、学生作品投屏等
一体机（4台）		课中	展示各小组讨论成果

续表

<table>
<tr><td colspan="5">五、教学实施过程</td></tr>
<tr><td>教学环节</td><td>教学内容</td><td>师生活动</td><td>教学手段</td><td>教学方法</td></tr>
<tr><td colspan="5">课前</td></tr>
<tr><td>预习
（课前 1 周）</td><td>自学微课，完成翻转课堂各题，填写课前任务单（见附件），提交学习通
预习提示：翻转课堂重在培养大家基于逻辑思维进行合理的解释和推论的能力，请大家在答题时注意思考题目之中的逻辑关系</td><td>学生根据预习提示，完成题目，并在学习通提交
教师在学习通发布任务并验收作业，根据课前任务完成情况，确定课堂教学设计</td><td>学习通</td><td>自主学习法</td></tr>
<tr><td colspan="5">课中</td></tr>
<tr><td colspan="5">任务描述：
《我想更懂你》这首歌的歌词描写的是两代之间亲情与观念的碰撞
下面我们就详细解读歌词，尝试找出歌词中亲子之间出现的问题
教师播放 MV《我想更懂你》，进一步引导学生体会歌词内容，引发讨论
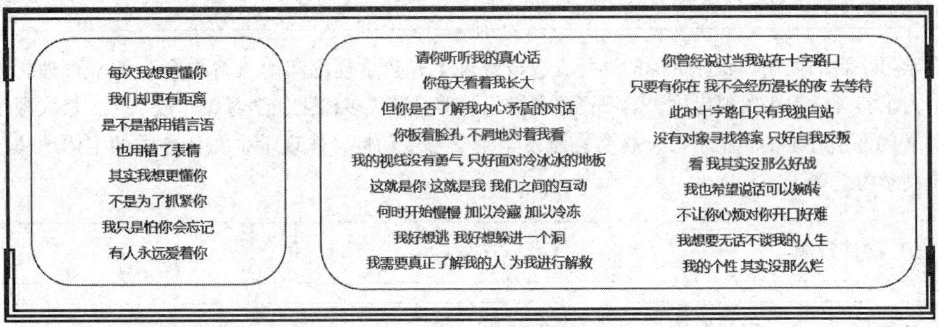
</td></tr>
<tr><td>解读任务
（5 分钟）</td><td>梳理亲子矛盾</td><td>合理解读亲子关系中的语言沟通</td><td>PPT</td><td>讲授法</td></tr>
<tr><td>完成任务
（30 分钟）</td><td>1. 复习训练前一次课的学习内容
2. 简述合理推论的方法</td><td>以小组为单位，让学生结合自身在亲子关系中的一些经历和感受，推断小明困扰的原因等内容，组内讨论，进行汇总。学生个人完成课中任务单（见附件）的填写
按照任务单提示，依次讨论以下内容：</td><td>PPT
课中任务单</td><td>小组合作法
讨论法
情境创设法</td></tr>
</table>

续表

教学环节	教学内容	师生活动	教学手段	教学方法
完成任务（30 分钟）	3. 简述合理推论的三种情况	1. 找出歌词中的关键词 2. 解释关键词在文中的意思 （1）重点解释如“烂”“反叛”“好战”等词在语境中的含义 （2）结合以上分析得到关键词的言外之意 （3）歌词要表达的核心意图是什么？儿子的诉求是什么？母亲的心情又是怎样的？ 3. 梳理关键词之间的逻辑关系 教师巡回指导，参与各小组讨论，引导学生理解逻辑关系，提升逻辑思维		
得出结论（10 分钟）	合理推论的步骤： 1. 确定关键词 2. 梳理关键词的逻辑关系 3. 思考可能存在的推论 4. 验证推论	回顾上一环节活动，教师引导学生自己提炼合理推论的步骤	一体机 PPT	讲授法
活动：别人家的孩子（20 分钟）	合理推论的禁忌： 1. 望文生义，牵强附会 2. 断章取义，歪曲原意	当你的父母生气或失望的时候，他们是否经常会拿别人家的孩子说事，那父母口中“别人家的孩子”的含义指的是什么呢？ 教师引导学生讨论父母口中“别人家的孩子”的含义 请同学们结合自己的经历，讨论“别人家的孩子”的特别含义（合理推论）	PPT	讨论法 情境教学法

续表

教学环节	教学内容	师生活动	教学手段	教学方法
活动：别人家的孩子（20分钟）	3. 以偏概全，扭曲整体 4. 不当推理，不合事理	教师引导学生从父母的性格、年龄、文化水平、职业等，分析父母的言语表达，结合知识点“合理推论的禁忌”，让学生冷静思考，重新解读父母的话，学会理解和包容		
活动总结（10分钟）	小组为单位，选取代表，谈活动体会	学生以小组为单位，充分讨论，选派体会较深刻的学生分享活动体会 教师倾听小组讨论，适当引导和点评，鼓励学生大胆发言	PPT	讨论法 诊断法
检验课前预习（10分钟）	根据课堂所学，检验翻转课堂其他题	小组合作，再次研读翻转课堂各题 教师巡回指导，解答学生疑惑，借助学生对翻转课堂中各题的理解，了解学生课堂所学掌握程度	PPT	讨论法 小组合作法
课堂总结（10分钟）	主要知识点： 1. 对文本中关键信息的解释 2. 从已知信息中合理推断未知信息的方法 3. 解释与合理推论的禁忌	学生回顾 教师总结 完成评价	PPT	讲授法
课后				
完成作业	爸爸妈妈：我想对你们说…… （借鉴歌词的一些表达方法，结合“别人家的孩子”讨论成果，坦诚地向父母吐露心声） 预习训练一各题，根据小组抽签，重点准备本组选题	学生结合课堂所学，按要求完成作业： 1. 总结课上活动的心得 2. 写出更加合适的表达方式 学生按要求完成下节课预习	PPT	讲授法

续表

六、学业评价

学业评价涵盖环节、内容、主体和形式四个维度，体现评价环节全程化，评价内容多样化，评价主体多元化和线上线下相结合。既注重以量的方式收集数据，也重视质性评价结果，评价结果公开，过程可视

本任务的评价依托信息化手段，采用腾讯文档线上评价。评价主体分为学生自评、组内评价和教师评价，分别占 10%、20%和 70%

（一）教师评价表

教师评价表

评价维度	评价项目	较好	一般	不好	得分
学习态度	1. 课前任务完成数量	5	3	1	
	2. 课前任务完成质量	5	3	1	
知识方法能力	1. 能合理解释文中的关键信息	5	3	1	
	2. 能利用逻辑关系对关键信息进行排序并正确推导文本主旨	10	6	3	
	3. 能结合个人感受读出关键信息的言外之意	5	3	1	
	4. 能说出合理推论的步骤	5	3	1	
	5. 能够流畅地表达个人观点	10	6	3	
	6. 能较好地参与团队合作	5	3	1	
学习成果	作业完成情况	50	30	15	
合计					

（二）学生自评表

学生自评表

序号	评价项目	是	否	得分
1	课前预习的内容是否足够应对课堂学习，准备是否充足	1	0	
2	是否能说出关键信息在文本中的正确含义	1	0	
3	是否能说出关键信息中的逻辑关系	1	0	
4	是否能概括合理推论的基本步骤	1	0	
5	是否能说出合理推论的四条禁忌	1	0	
6	在本次课上的发言次数是否令自己满意	1	0	
7	在本次课上的发言质量是否令自己满意	1	0	
8	在小组合作中是否积极参与	1	0	
9	是否认为自己的表现得到了组员的认可	1	0	
10	是否认为本次任务的课后作业不难	1	0	
合计				

续表

（三）组内评价表

组内评价表

项目	评价要素	是	否	得分
知识学习	是否能够对新知识举一反三	1	0	
	是否能够有效指导文本结构的梳理	1	0	
	是否能够在规定时间内完成相关任务	1	0	
团队协作	团队协作中是否能做到态度积极，参与度高，评价客观公正	1	0	
	小组合作中，能否积极表达个人的想法并提出有价值的意见和建议	1	0	
	是否能够积极完成分配给个人负责的工作	1	0	
	是否能够尊重组员的意见，采取积极合作的态度共同完成任务	1	0	
	是否能够积极协调小组中的不同意见，确保按时保质完成相关任务	1	0	
个人风采	是否能积极发挥个人特长	1	0	
	是否能够在小组展示的策划活动中做出积极贡献	1	0	
合计				

附件

课前任务单

姓名		班级		组别	
学习题目					
任务描述： 自学“翻转课堂”各题，按要求将答案上传学习通					
预习提示：“翻转课堂”重在基于逻辑思维进行合理解释和推论，在答题时应注意揣摩题中蕴含的逻辑关系					

续表

1. 城市需要交通警察，是因为城市交通需要＿＿＿＿＿＿＿＿ 简述理由：
2. 一个人每日都在营利性的餐厅用餐，却不用付款、出示票据或为此进行任何专门认证，原因只能是＿＿＿＿＿＿＿＿ 简述理由：
3. 回答田忌赛马的相关问题
4. 2015 年 4 月，一封辞职信曾引发热议。信中所述辞职的理由仅有 10 个字："世界那么大，我想去看看。"当事人作为 2004 年 7 月入职河南省实验中学的一名女教师，当时已经任职 11 年之久。如此任性的辞职信，领导最后还真批准了。2016 年 5 月，国家语委发布《中国语言生活状况报告(2016)》。"世界那么大，我想去看看"入选年度十大网络用语 "世界那么大，我想去看看"为何能成为流行的网络用语？每个人是否都能为这样的愿望付诸行动？请简要陈述你的看法

课中任务单

姓名		班级		组别	
学习题目					

任务描述：

《我想更懂你》的歌词描写的是两代之间亲情与观念的碰撞

下面我们就详细解读歌词，尝试找出歌词涉及的亲子之间的问题

每次我想更懂你
我们却更有距离
是不是都用错言语
也用错了表情
其实我想更懂你
不是为了抓紧你
我只是怕你会忘记
有人永远爱着你

请你听听我的真心话
你每天看着我长大
但你是否了解我内心矛盾的对话
你板着脸孔 不屑地对着我看
我的视线没有勇气 只好面对冷冰冰的地板
这就是你 这就是我 我们之间的互动
何时开始慢慢 加以冷藏 加以冷冻
我好想逃 我好想躲进一个洞
我需要真正了解我的人 为我进行解救

你曾经说过当我站在十字路口
只要有你在 我不会经历漫长的夜 去等待
此时十字路口只有我独自站
没有对象寻找答案 只好自我反叛
看 我其实没那么好战
我也希望说话可以婉转
不让你心烦对你开口好难
我想要无话不谈我的人生
我的个性 其实没那么烂

思考并简单回答：

1. 你在和父母的相处中，是否也有过这样的困扰？
2. 影响你和父母和谐相处的因素有哪些？应如何解决？

学习提示

1. 写出歌词中的关键词

2. 解释关键词在文本中的意思

3. 梳理关键词之间的逻辑关系

4. 从歌词中读到的内容

训练一　联想与对话

教学设计 8

学校：淄博市技师学院　　作者：盖超

<table>
<tr><td>模块名称</td><td>理解与表达</td><td>题目</td><td>第二课　训练一　联想与对话</td></tr>
<tr><td>课时</td><td>2 课时</td><td>教学对象</td><td>××级信息技术专业</td></tr>
<tr><td colspan="4">一、学习目标</td></tr>
<tr><td colspan="4">1. 能够用联想思维对特定语境下的关键词进行解读
2. 能够在解读关键词词义的基础上，利用联想合理推断作者的言外之意
3. 能够联系上下文，学会与作者对话，准确理解作者的写作意图
4. 能够将文本解读用简洁的语言清晰有条理地表达
5. 能够学会从他人角度思考问题，学会理解他人</td></tr>
<tr><td colspan="4">二、学习内容</td></tr>
<tr><td colspan="4">1. 联想：是指从一个已知的事物出发，与其他事物建立起某种合理联系的思维方式
2. 联想的目的：是将自己已有的知识、思想、情感和文本内容联系起来，以求更好地把握文本的深意、主旨
3. 联想的方式：接近联想、相似联想、对比联想、因果联想
4. 对话：就自己不甚理解乃至有疑义的信息提出问题，然后从文本中寻求答案，或者依照文本的逻辑思路给出自己的理解，看能否自圆其说并符合整体文意
5. 深度阅读的要求：联想与对话的有机结合</td></tr>
<tr><td colspan="4">三、重难点分析</td></tr>
<tr><td colspan="2">学习重点</td><td colspan="2">学习难点</td></tr>
<tr><td>重点内容</td><td>运用逻辑常识和联想思维，对文本关键信息进行合理联想</td><td>难点内容</td><td>文本解读中，与作者对话，正确把握作者写作意图</td></tr>
<tr><td>突破方法</td><td>以真实工作情境引出学习任务，充分利用学生的专业知识和生活经验，引导学生体会合理联想
情境创设使概念具象化，小组合作使思维活跃
层层深入，逐步深化，螺旋上升</td><td>突破方法</td><td>1. 情境创设，角色代入，让体验更真实
2. 小组合作，成果展示，取长补短
3. 总结提炼，举一反三，让知识更具指导意义</td></tr>
</table>

续表

四、学习资源

为有效保证学生学习活动，逐步完成学习目标，配合教学设计的展开，匹配了丰富的软件资源和完备的硬件设备，线上和线下相结合，充分体现了以学生为中心的教学理念，激发学生自主、创新意识

（一）学习环境

本任务在智慧教室开展，配有智慧黑板、一体机、学生用计算机和电子终端设备，可有效保障学生学习活动的效率，满足课堂教学的实施，有效调动学生主动性和参与积极性，提高教师的课堂实时监控效果，确保学生参与率

（二）学习平台及软件资源

在学习平台的使用和软件资源的选择上，以螺旋上升教学理论和“五育融合”的教育理念为指导，力求实现学习手段现代化、学习资源网络化、学习形式多样化、学习媒介数字化，最大限度地发挥“问题引导下的自主学习”优势，激发学生的学习主动性，体现学生在任务中的主体地位，有效提高学习效率

（三）硬件资源

名称	资源图片	应用环节	资源用途
手机或其他移动终端设备（自备）	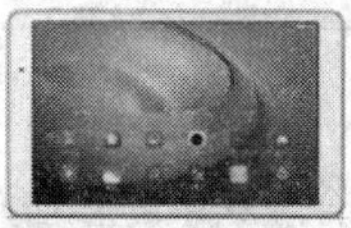	课前 课中 课后	学习通接收任务、任务分工、组内协作、在线评价等
智慧黑板（1块）		课中	贯穿教学全过程，展示任务知识点、学生作品投屏等
一体机（4台）		课中	展示各小组讨论成果

五、教学实施过程

教学环节	教学内容	师生活动	教学手段	教学方法
课前				
预习（课前1周）	读新闻，根据提示做好预习	完成预习，填写课前任务单（见附件） 各小组组长收集并汇总各组成员意见，反馈给教师 教师在学习通发布任务，并根据课前学生完成情况适时调整课堂教学策略	学习通 课前任务单	小组合作法

续表

<table>
<tr><th>教学环节</th><th>教学内容</th><th>师生活动</th><th>教学手段</th><th>教学方法</th></tr>
<tr><td colspan="5">课中</td></tr>
<tr><td colspan="5">2021年全国网上零售额同比增长14.1%
2022-03-22 07:39　来源：人民日报　【字体：大 中 小】 打印
2021年全国网上零售额同比增长14.1%
网络零售市场 释放消费潜力
“下班前在手机上下单，到家时商品就送到了，再也不用为买菜发愁了。”北京市海淀区某互联网公司员工李晓阳说，以前，由于工作忙，下班买菜不方便，只能趁周末集中采购把冰箱塞满。现在，通过手机APP下单买菜，半个小时就能送上门，食材新鲜而且购买方便。“电商快速发展，给咱老百姓的吃穿用带来更多便利。”李晓阳说。
国家统计局数据显示，2021年，全国网上零售额达13.1万亿元，同比增长14.1%，增速比上年加快3.2个百分点。其中，实物商品网上零售额达10.8万亿元，首次突破10万亿元，同比增长12.0%，占社会消费品零售总额的比重为24.5%，对社会消费品零售总额增长的贡献率为23.6%。
“2021年，我国网络零售市场保持稳步增长，成为稳增长、保就业、促消费的重要力量，为推动构建新发展格局做出了积极贡献。”商务部新闻发言人高峰说。
任务描述：
上述新闻是对中国2021年网购销售数据的一个报道。引导学生解读这则新闻，验证课前预习的效果</td></tr>
<tr><td>活动一：
学会联想
（15分钟）</td><td>联想的方式</td><td>以小组为单位，分别选择一种联想方式，对上述新闻进行联想，并选派代表展示小组讨论成果
教师点评各组联想成果，巩固知识点“联想的四种方式”
教师提问：“大家联想到的各个问题与‘网购’这个词的关系分别是怎样的？”进而引导学生归纳联想方式在文本解读中的正确使用</td><td>智慧黑板</td><td>问题引导法</td></tr>
<tr><td>活动二：
强化训练
（15分钟）</td><td>联想的法则：
起点——文本中的关键信息
空间——文本内容及其所涉及的人、事、物以及事理</td><td>研读题一
以小组为单位，讨论完成题目，分组展示讨论结果：
1. 通过文本你能联想到哪些问题？</td><td>智慧黑板</td><td>问题引导法</td></tr>
</table>

续表

<table>
<tr><th>教学环节</th><th>教学内容</th><th>师生活动</th><th>教学手段</th><th>教学方法</th></tr>
<tr><td>活动二：
强化训练
（15 分钟）</td><td>与作者对话：
最重要的是换位思考</td><td>参考答案：
（1）为什么被悬赏捉拿？
（2）谁在追拿流亡者？
（3）山里人想做什么？
教师引导学生运用联想，挖掘文本背后隐藏的问题，并通过探讨联想到的问题是否合理，引出知识点“联想的法则”
2. 作者借文本究竟想表达什么？作者的本意是什么？
（教师引导学生从联想到的问题思考作者的创作意图，正确把握文本主旨，体会“与作者对话”）
3. 小组讨论，给故事补充一个封闭的结尾</td><td></td><td></td></tr>
<tr><td rowspan="2">活动三：
实战演练
（45 分钟）</td><td>联想与对话的综合运用</td><td>教师创设情境，学生完成任务</td><td>PPT</td><td>情境创设法</td></tr>
<tr><td colspan="4">任务描述：
为了帮助老年用户更好地使用某购物网站，请为他们深度解读该网站的相关注册协议及服务协议
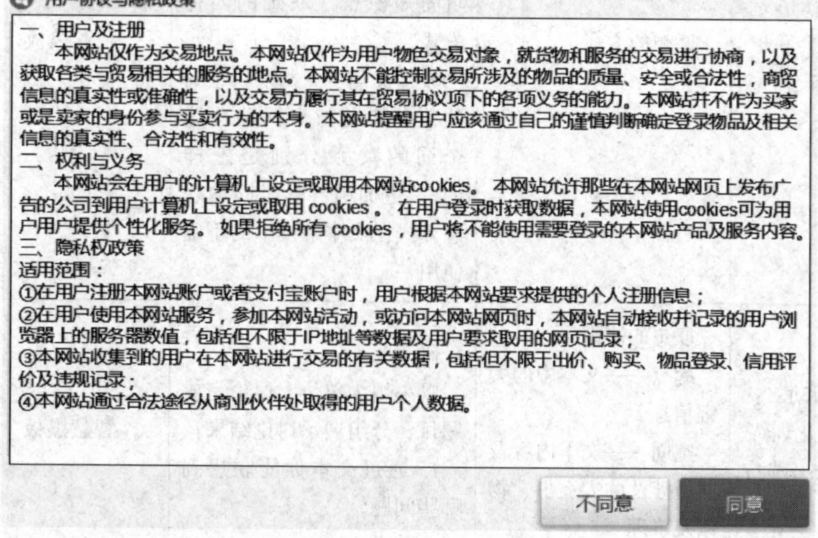
用户协议与隐私政策
一、用户及注册
本网站仅作为交易地点。本网站仅作为用户物色交易对象，就货物和服务的交易进行协商，以及获取各类与贸易相关的服务的地点。本网站不能控制交易所涉及的物品的质量、安全或合法性，商贸信息的真实性或准确性，以及交易方履行其在贸易协议项下的各项义务的能力。本网站并不作为买家或是卖家的身份参与买卖行为的本身。本网站提醒用户应该通过自己的谨慎判断确定登录物品及相关信息的真实性、合法性和有效性。
二、权利与义务
本网站会在用户的计算机上设定或取用本网站cookies。本网站允许那些在本网站网页上发布广告的公司到用户计算机上设定或取用 cookies 。在用户登录时获取数据，本网站使用cookies可为用户用户提供个性化服务。如果拒绝所有 cookies，用户将不能使用需要登录的本网站产品及服务内容。
三、隐私权政策
适用范围：
①在用户注册本网站账户或者支付宝账户时，用户根据本网站要求提供的个人注册信息；
②在用户使用本网站服务，参加本网站活动，或访问本网站网页时，本网站自动接收并记录的用户浏览器上的服务器数值，包括但不限于IP地址等数据及用户要求取用的网页记录；
③本网站收集到的用户在本网站进行交易的有关数据，包括但不限于出价、购买、物品登录、信用评价及违规记录；
④本网站通过合法途径从商业伙伴处取得的用户个人数据。
不同意 同意</td></tr>
</table>

续表

教学环节	教学内容	师生活动	教学手段	教学方法
（一） 明确任务 （5分钟）	研读协议内容	学生明确任务要求，运用所学新知识，以小组为单位，充分利用联想与对话的方式，深度解读文本内容 教师引导学生学会正确运用联想与对话的方法	PPT	任务驱动法
（二） 解读任务 （30分钟）	深入解读文本内容，正确把握文本含义	研读协议，学生以小组为单位进行深入讨论并分组展示讨论结果 各小组逐一解读文中关键信息或关键条目的言外之意，直至全部解读完为止，并填写课中任务单（见附件） 讨论提示： 1. 该网站的性质是怎样的？主要业务是什么？ 2. 各条目的言外之意是什么？ 3. 从不同的身份角度分别解读到的是什么？ （1）作为网站的运营方…… （2）作为网站用户…… 教师引导学生按照提示的问题进行讨论，并参与各组讨论，及时引导学生按正确方向讨论	智慧黑板	小组合作法 讨论法
（三） 总结反思 （10分钟）	修正文本解读中出现的问题，优化理论知识的运用 本次任务主要知识点： 联想 对话	各小组对照集体讨论结果，查摆本组出现问题的原因并改进 教师引导学生学会总结反思，深入理解联想与对话方法的使用 总结本次所学，巩固提升	PPT	讨论法 讲授法
活动四： 强化训练 （10分钟）	文学作品中的联想与对话	完成题三：将笛卡尔的数学公式用文字表达出来，字数控制在100字左右	PPT	讨论法 训练法
布置作业 （5分钟）	结合课堂小组讨论《流亡者》的成果，将此剧的结局转化成一篇字数300字以上的文章	学生整理完成课中任务单，拍照上传至学习通 教师评价作业，布置下次课课前预习任务	学习通	讲授法

续表

六、学业评价

学业评价涵盖环节、内容、主体和形式四个维度，体现评价环节全程化，评价内容多样化，评价主体多元化和线上线下相结合，既注重以量的方式收集数据，也重视质性评价结果，评价结果公开，过程可视

评价设计尊重学生的实际能力水平，重态度轻结果，将知识学习、能力提升和情感态度养成相结合，成人与成才并举

本任务的评价依托信息化手段，采用腾讯文档线上评价。按评价主体划分，本任务的评价分为学生自评、组内评价和教师评价，分别占10%、20%和70%

（一）教师评价表

教师评价表

评价维度	评价项目	较好	一般	不好	得分
学习态度	1. 课前任务完成数量	5	3	1	
	2. 课前任务完成质量	5	3	1	
知识方法能力	1. 能用正确的方式联想	5	3	1	
	2. 能对发生的联想正确分类	5	3	1	
	3. 能够根据讨论问题，对文本进行正确解读	15	9	4	
	4. 能够流畅地表达个人观点	10	6	3	
	5. 能较好地参与团队合作	5	3	1	
学习成果	1. 课中任务单第1~3题完成情况	20	12	6	
	2. 微剧本结局描写	30	15	8	
合计					

（二）学生自评表

学生自评表

序号	评价项目	是	否	得分
1	课前预习的内容是否足够应对课堂学习，准备是否充足	1	0	
2	是否能说出联想的几种方式	1	0	
3	是否能说出联想的基本法则	1	0	
4	是否能让联想不超出边界	1	0	
5	是否已经学会了和读者对话的方式，学会换位思考	1	0	
6	在本次课上的发言次数是否令自己满意	1	0	
7	在本次课上的发言质量是否令自己满意	1	0	
8	在小组合作中是否积极参与	1	0	
9	是否认为自己的表现得到了组员的认可	1	0	
10	是否认为本次任务的课后作业不难	1	0	
合计				

续表

（三）组内评价表

组内评价表

项目	评价要素	是	否	得分
知识学习	是否能够对新知识举一反三	1	0	
	是否能够有效指导文本结构的梳理	1	0	
	是否能够在规定时间内完成相关任务	1	0	
团队协作	团队协作中是否能做到态度积极，参与度高，评价客观公正	1	0	
	小组讨论中，能否积极表达个人的想法并提出有价值的意见和建议	1	0	
	是否能够积极完成分工中个人负责的工作	1	0	
	是否能够尊重组员的意见，采取积极合作的态度共同完成任务	1	0	
	是否能够积极协调小组中的不同意见，确保按时保质完成相关任务	1	0	
个人风采	是否能积极发挥个人特长	1	0	
	是否能够在小组展示的策划活动中做出积极贡献	1	0	
合计				

附件

课前任务单

姓名		班级		组别	
学习课题					
预习提示					
1. 新闻中的关键词是什么？					

续表

2. 联想的方式有哪些？
3. 找出新闻中的关键词，并分别使用以上 4 种方式对关键词展开联想，每个方式写出 3 个联想词
4. 本条新闻的主旨思想是什么？体现了国家对网络零售怎样的态度及政策？
5. 你还能想到的其他问题

课中任务单

姓名		班级		组别	
学习题目					
任务描述： 信息专业学生接到本地某购物网站的平台维护需求，为了更好地满足该平台的各项服务功能的维护需求，为网站平台方提供更加完善的服务，现需要同学们深度解读该平台的相关注册协议及服务协议					

续表

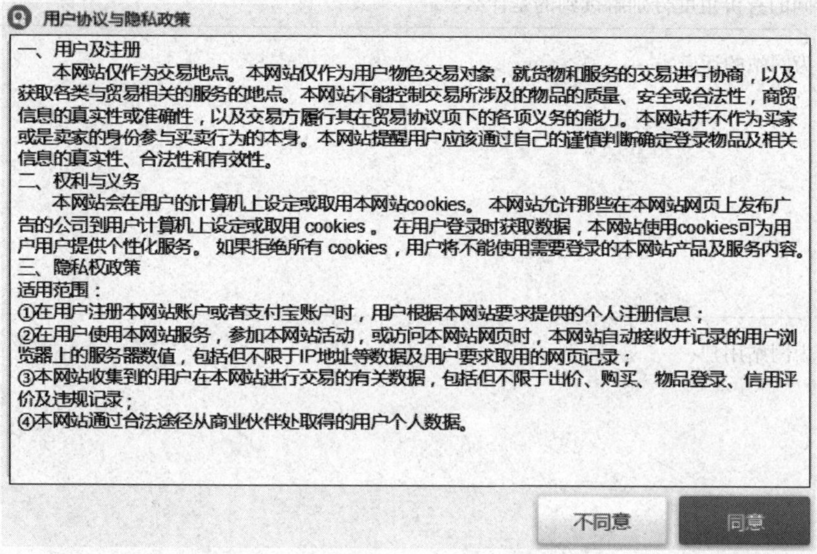
用户协议与隐私政策

一、用户及注册

本网站仅作为交易地点。本网站仅作为用户物色交易对象，就货物和服务的交易进行协商，以及获取各类与贸易相关的服务的地点。本网站不能控制交易所涉及的物品的质量、安全或合法性，商贸信息的真实性或准确性，以及交易方履行其在贸易协议项下的各项义务的能力。本网站并不作为买家或是卖家的身份参与买卖行为的本身。本网站提醒用户应该通过自己的谨慎判断确定登录物品及相关信息的真实性、合法性和有效性。

二、权利与义务

本网站会在用户的计算机上设定或取用本网站cookies。本网站允许那些在本网站网页上发布广告的公司到用户计算机上设定或取用 cookies。在用户登录时获取数据，本网站使用cookies可为用户用户提供个性化服务。如果拒绝所有 cookies，用户将不能使用需要登录的本网站产品及服务内容。

三、隐私权政策

适用范围：

①在用户注册本网站账户或者支付宝账户时，用户根据本网站要求提供的个人注册信息；

②在用户使用本网站服务，参加本网站活动，或访问本网站网页时，本网站自动接收并记录的用户浏览器上的服务器数值，包括但不限于IP地址等数据及用户要求取用的网页记录；

③本网站收集到的用户在本网站进行交易的有关数据，包括但不限于出价、购买、物品登录、信用评价及违规记录；

④本网站通过合法途径从商业伙伴处取得的用户个人数据。

讨论提示：

1. 该网站的性质是怎样的？主要业务是什么？

2. 各条目的言外之意是什么？

3. 从不同的身份角度分别解读到的是什么？

（1）作为网站的运营方……

（2）作为网站用户……

讨论心得

1. 该网站的性质是怎样的？主要业务是什么？

2. 各条目的言外之意是什么？

续表

3. 从不同的身份角度分别解读到的是什么？
（1）作为网站的运营方……
（2）作为网站用户……

教学设计 9

单位：陕西航空技师学院　　作者：雷巧灵

模块名称	理解与表达	题目	第二课　训练一　联想与对话
课时	3 课时	教学对象	××级一年级新生

一、学习对象分析

本课题的学习者是中级班一年级刚入校的新生，在校学习时间较短，故教学安排与普通中级班相比更为紧密一些。学生特征及教学策略分析见下表：

	学生特征	教学策略	意图
学习基础	在语文知识、语用经验、思维常识方面有一定基础	小组合作探究学习	先学后教，让学生加深对相关知识的理解
学习能力	正确的学习方法有待指导，学习自主性差	利用网络、字典、手机、计算机等辅助教学	多媒体、案例教学，激发学生兴趣，提高主动性
学习态度	大多数学生学习兴趣浓厚，课堂气氛活跃但对学习不重视，目标不明确	游戏互动，引导文，图片、过程及结果性评价相结合	任务目标明确，小组全程要开展评价，使课堂气氛活跃，激发学生的学习兴趣
心理特点	充满好奇，爱想象，喜欢玩，熟悉 QQ、微信，会使用蓝墨云班课 App，但主动学习性较差，团队合作意识不够	课前课后指导，多鼓励少批评，争取对每一名学生都有合理的评价	课前课后指导，提高学生对知识的接受程度及参与度

二、学习目标

1. 通读文本，能说出哪些地方引发了自己的联想与感受
2. 能有意识地对文本关键信息运用联想思维进行正确解读
3. 综合文本相关信息，检验自己的直觉感受是否符合文意
4. 能从文本出发，正确联想与理性感受，客观推导作者本意
5. 能将思考转化为规范的文字，准确而简洁地写出来

三、学习内容

1. 特里斯坦 · 勃纳德《流亡者》
2. 流澈《笛卡尔 VS 百岁山》
3. 熊秉元《喜怒哀乐的经济学逻辑》

续表

四、重难点分析

类型	内容	确立依据	化解方法
教学重点	从文本出发，通过正确联想与理性感受，客观推导作者本意	正确联想与理性感受，客观推导语句隐含的本意是所有专业学生必须掌握的技能。为此要重点培养学生的思维习惯、提高理解能力	课前学习“知识与方法”“示例”“学以致用”及“训练提示” 课中借助教学课件、多媒体、网络，小组合作讨论并反复练习整体感知，准确把握寻找关键信息的方法
教学难点	将思考结果转化为规范的文字，准确而简洁地写出来	如何就一个问题用自己的话语来准确表达，需要学习和训练	课前蓝墨云班课自主学习 课中教师给予方法指导和行为引导 课后继续应用体验

五、学习资源

主要学习资源如下：

		资源名称	运用环节	功能
学习资源	硬件资源	白板、展板、彩纸	教师组织教学	学习任务检查、教学、汇报、成果展示等环节
		电脑、手机	课前学习、任务分析、任务实施等环节	教师上传资料、学生利用手机自学、查询资料
	软件资源	授课课件	任务实施	教学过程中帮助教学，课后帮助学生回顾
		视频、课件、教材等	学习准备 任务实施	完成工作任务，实现翻转课堂
		蓝墨云班课 App、QQ 群、微信群	上传资料、讨论答疑	课前通过软件资源帮助学生收集资料，预习新课，完成知识的储备 课后利用软件资源上传作业、讨论疑问

续表

六、教学实施过程					
教学环节	教学内容及教学过程	教师活动	学生活动	教学手段	教学方法
课前自主学习					
课前学习	1. 借助“蓝墨云班课”，学生自主学习本课资料包：“知识与方法”“示例”“学以致用”，以及训练一的“训练提示”，为接下来教学中所需要的基础知识和技能做好准备 2. 通过云班课查阅任务完成情况	1. 提前一周通过“蓝墨云班课”网络平台下发学习任务：联想与感受训练提示资料 2. 通过平台了解学生的学习动态 3. 做好学生的学习情况记录，适时调整教学计划	1. 登录“蓝墨云班课”的班级课群，下载学习资料，按要求完成相关学习任务 2. 完成“翻转课堂”的题目，为上课做准备 3. 就学习问题在线求助同学或教师	学习资料包 教材	自主学习法 查阅资料法
	【设计意图】课前学生通过云班课学习，完成引导问题，对知识与方法产生初步了解，共享学习资源				
课中教学实施					
课前检测导入新课（30分钟）	教师根据课前下达的任务，进行课前学习检查，就“知识与方法”结合“训练提示”进行重点重温 活动一： 屏幕课件展示特里斯坦·勃纳德 1932 年写的一个微剧本《流亡者》并提出问题： 1. 结合两个人物、两句台词，包括人物活动的场所、背景及矛盾冲突……说说你读后联想到了哪些问题，并试着回答 2. 小组成员合作讨论，将结果写在卡片纸上，张贴在白板上，在教师引导下，得出较为一致的答案	1. 课件上呈现教师提出的问题 2. 引导学生通过“阅读—思考—理解”的方式，进行有效联想 3. 对学生的提问进行讲解	1. 根据课前云班课资料包中“知识与方法”，结合“训练提示”有效联想，正确理解文本 2. 积极投入小组讨论，各抒己见，统一答案并派代表说明	展板 课件 彩纸	讲授法 讨论法

续表

<table>
<tr><th>教学环节</th><th>教学内容及教学过程</th><th>教师活动</th><th>学生活动</th><th>教学手段</th><th>教学方法</th></tr>
<tr><td colspan="6">课中教学实施</td></tr>
<tr><td rowspan="2">课前检测导入新课（30分钟）</td><td>活动二：
作者借这个微型剧本究竟想表达什么？请简述理由</td><td>引导学生从剧本提供的情节、细节中获得信息并进行合理推导</td><td>小组代表上台简述理由</td><td></td><td>引导法</td></tr>
<tr><td colspan="5">【设计意图】
1. 鼓励所有学生参与，既检查课前学习的完成情况，又增加学生的参与度，锻炼学生表达能力，增强其自信心
2. 引导学生正确阅读，培养学生基于文本进行有效联想、补充和丰富文本内容、正确理解和解释文本相关问题的意识和能力，以及根据文意和作者的基本立意进行合理推断的意识和能力</td></tr>
<tr><td rowspan="2">联想感受知识探究（35分钟）</td><td>屏幕课件展示笛卡尔和瑞典公主图片，阅读《笛卡尔 VS 百岁山》节选</td><td>教师创设情景，引导学生阅读《笛卡尔 VS 百岁山》节选</td><td>认真观看图片，阅读《笛卡尔 VS 百岁山》节选</td><td>课件</td><td>情景教学法</td></tr>
<tr><td>活动一：
笛卡尔和瑞典公主的爱情故事，传奇、坎坷、凄美，让人动容、落泪……下列是一些网友的评论，你赞成的说法是（　　）。
A. 数学是抽象的，数学家是无趣的，笛卡尔只是个传说
B. 才子佳人的故事终究不会拥有童话般的结局
C. 一个公式，无限情思；孤独冷寂，点燃生命
D. 爱，是人世间最高贵的艺术</td><td>1. 启发引导学生运用“解释”与“合理推论”的基本原理，根据文意进行合理联想
2. 组织学生进行抢答</td><td>1. 阅读文本，结合文本相关信息，将联想与感受有机结合，客观推导
2. 抢答问题</td><td></td><td>启发法
讲授法</td></tr>
</table>

续表

教学环节	教学内容及教学过程	教师活动	学生活动	教学手段	教学方法
课中教学实施					
联想感受知识探究（35分钟）	活动二： 1. 公主为什么会收到笛卡尔的第13封信？请运用联想思维补充文本没有描述的笛卡尔写这封信时的细节和心迹 2. 小组成员合作讨论，将结果写在卡片纸上，张贴在展板上，在教师引导下，得出较为一致的答案	1. 启发引导学生运用联想思维进行深度阅读，根据文意结合自己的理解、感受进行合理解释并推论 2. 巡视观察，就学生讨论过程中遇到的问题答疑	1. 在组长组织下深度阅读文本，结合自己的理解、感受进行合理解释并推论 2. 小组成员合作讨论，统一答案并派代表张贴在展板上展示说明	展板 彩纸	讨论法 展示法
	活动三： 1. 由文中配图你想到了什么？简要地写出来或者画出来 2. 小组成员合作讨论，将结果写在卡片纸上，张贴在展板上，在教师引导下，得出较为一致的答案	1. 课件展示图片，引导学生就“知识与方法”结合“训练提示”所学方法合理联想 2. 巡视观察各组的讨论情况、团队合作情况 3. 就学生的提问答疑 4. 对有创意的小组给予肯定和表扬	1. 认真观看图片 2. 小组成员合作讨论，各抒己见，将结果写在或画在卡片纸上，统一答案并派代表张贴在展板上展示说明	展板 课件 彩纸	头脑风暴法 展示法
	【设计意图】引导学生有意识运用联想思维深度阅读，结合自己的理解、感觉合理解释并推论，着重培养合理联想的意识和能力				
举一反三巩固强化（35分钟）	用课件展示熊秉元《喜怒哀乐的经济学逻辑》片段，并配以图片，教师询问学生的喜怒哀乐情感体验	教师通过概述故事的方法创设情景	认真配合，描述自己的喜怒哀乐情感体验	课件	情景教学法

续表

教学环节	教学内容及教学过程	教师活动	学生活动	教学手段	教学方法
课中教学实施					
举一反三巩固强化（35分钟）	活动一： 1. 根据文意，解读以下这些名言古训所蕴含的经济学逻辑 吃亏是福（郑板桥） 难得糊涂（郑板桥） 忍一时，风平浪静；退一步，海阔天空（《增广贤文》） 2. 小组成员合作讨论，统一答案并派代表展示演讲，最后在教师引导下，得出较为一致的答案	1. 要求学生小组合作讨论，根据文意进行合理联想、理性思考，并进行合理应用 2. 教师巡视观察各组讨论情况，就学生的提问进行答疑	1. 以小组为单位阅读材料，根据文意进行合理联想、理性思维并进行合理应用 2. 积极投入小组讨论，各抒己见，统一答案，将结果写在卡片纸上，派代表张贴在展板上展示讲解	展板 课件 彩纸	头脑风暴法 展示法
	活动二： 1. 根据文意，就“人类的喜怒哀乐、爱恨情仇等情感，也有隐藏其下的逻辑”这个判断，将下列词语的逻辑关系表示出来 情感　理智　朋友　家人 得罪　愧疚　高成本　低成本 敌友转换　人伦关系　同舟共济　一时利益　长远权益 呵护 2. 小组成员合作讨论，统一答案并派代表展示演讲，最后在教师引导下，得出较为一致的答案	1. 课件显示文本，引导学生根据文意，厘清思路，进行正确解读和有效表达 2. 教师巡视观察各组讨论情况，就学生的提问进行答疑	1. 根据文意，厘清思路，进行正确解读和有效表达 2. 积极投入小组讨论，各抒己见，统一答案，将结果写在卡片纸上，派代表张贴在展板上展示讲解	展板 课件 彩纸	启发法 展示法

续表

<table>
<tr><th>教学环节</th><th>教学内容及教学过程</th><th>教师活动</th><th>学生活动</th><th>教学手段</th><th>教学方法</th></tr>
<tr><td colspan="6">课中教学实施</td></tr>
<tr><td rowspan="3">举一反三巩固强化（35分钟）</td><td>活动三：
“只有……才能……”一般情况下表示要实现某一个目的或目标，必须具备的条件，且是一定环境下，唯一可选择的条件；或者说，“才能”后面的内容要实现，就必须做到“只有”后面的条件，而且这个条件是唯一的。例如：团队成员只有关系紧密，才能同舟共济。如此，下列符合上述逻辑关系的一项是（　）。
A. 只有不断努力学习，才能取得优异成绩
B. 只有搞好同学关系，才能获得真正友谊
C. 只有服从父母管教，才能得到家庭温暖
D. 只有严格遵纪守法，才能成为合格公民</td><td>1. 引导学生正确运用关联词进行逻辑关系的正确认知
2. 组织学生进行抢答</td><td>1. 认真思考，正确运用关联词，进行逻辑关系的正确认知
2. 学生抢答</td><td>课件</td><td>启发
讲授法</td></tr>
<tr><td>活动四：
1. 教师提供一个语段材料，学生根据语段各语句之间的逻辑关系，在空格部分填入适合的内容，并做到语序、语气衔接顺畅
2. 小组成员合作讨论，统一答案并派代表展示，最后在教师引导下，得出较为一致的答案</td><td>1. 要求学生小组合作讨论，根据文意进行合理联想
2. 巡视观察各组讨论情况，对学生在讨论中的提问进行答疑
3. 对能准确合理表达且符合题意的答案的小组给予肯定和表扬</td><td>1. 阅读材料，根据文意进行合理联想
2. 积极投入小组讨论，各抒己见，统一答案，将结果写在卡片纸上，派代表张贴在展板展示讲解</td><td>展板
彩纸</td><td>头脑
风暴法
展示法</td></tr>
<tr><td colspan="5">【设计意图】培养学生能根据文意厘清思路、进行合理联想和理性思维、正确解读并进行合理应用和有效表达的意识和能力</td></tr>
</table>

续表

<table>
<tr><th>教学环节</th><th>教学内容及教学过程</th><th>教师活动</th><th>学生活动</th><th>教学手段</th><th>教学方法</th></tr>
<tr><td colspan="6">课中教学实施</td></tr>
<tr><td rowspan="2">展示评价（15分钟）</td><td>1. 小组代表以演讲的形式在课堂上汇报本组知识与方法是如何得到应用的——得失与注意事项，提出改进意见
2. 结合评价表，学生自评并反思、组内成员互评、教师评价</td><td>1. 评价并总结本次课完成情况，指出在阅读理解中存在的问题应该如何改进。突出重难点和注意事项，有针对性地点评，并提出下次活动需要注意之处，尤其是阅读方法必须注意改进的问题
2. 对做得好的组提出表扬，鼓励其他组继续努力</td><td>1. 汇报小组在此次学习过程中的得与失，提出改进意见
2. 进行自我评价、组内相互评价，填写评价表
3. 聆听教师点评，记录整理解决问题的方案</td><td>白板
彩纸</td><td>展示法
讨论法</td></tr>
<tr><td colspan="5">【设计意图】1. 通过展示，培养学生的语言表达能力和交流能力，从而达到树立信心的目的
2. 通过评价和反思，让学生体会到自己的进步，也明白自己的不足。相互反馈也让教师了解学生的想法，以便不断改进</td></tr>
<tr><td rowspan="2">课堂小结（10分钟）</td><td>以教师问学生答的方式让学生自己总结实际生活中如何解决问题及学习本次课程的体验
问题：
1. 通过本节课的学习，你学到了什么知识？
2. 通过本节课的学习，你最大的体验是什么？
3. 通过本节课的学习，你掌握了哪些学习方法？</td><td>提出问题
提示学生</td><td>归纳总结如何运用联想思维进行深度阅读，并能根据文意结合自己的理解、感受进行合理解释并推论</td><td>课件</td><td>提问法
总结
归纳法</td></tr>
<tr><td colspan="5">【设计意图】1. 通过开放式提问、反思，让学生总结知识与方法是如何得到应用的，以及实践过程中的得失与注意事项
2. 使教师了解学生在实践中遇到的困难，促进师生共同突破难点</td></tr>
</table>

续表

教学环节	教学内容及教学过程	教师活动	学生活动	教学手段	教学方法
课后巩固提升					
巩固拓展（10分钟）	1. 课后完成题五 2. 请说说“富不过三代”的原因	布置作业，同时为下节课《因果关系与逻辑推理》的学习做铺垫	学生思考，接受任务，总结提升	课件	引导法
	【设计意图】锻炼学生的自主学习能力与知识迁移能力，让学生的探究活动由课内延伸到课外。给予学生发挥的空间，进行知识和能力的拓展与迁移，提升学生的综合能力				

七、教学反思

1. 教学收获

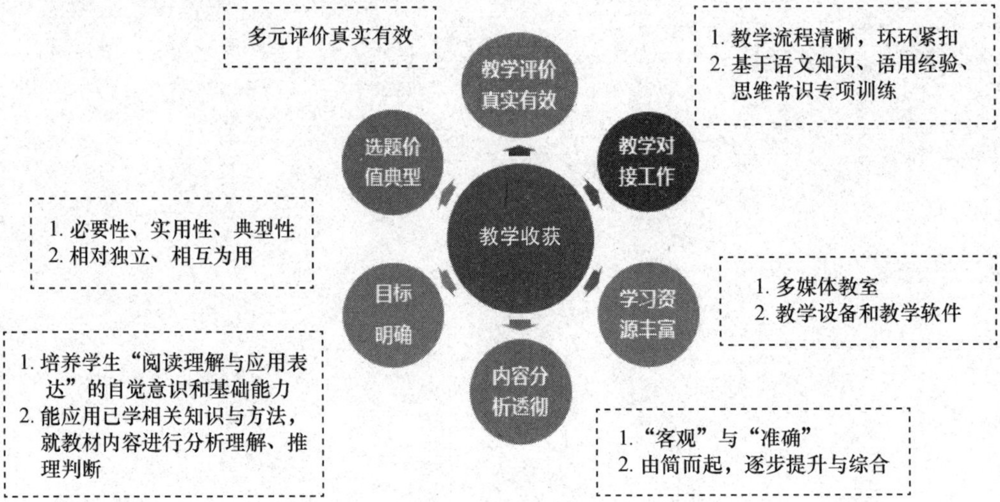

续表

2. 不足和改进措施

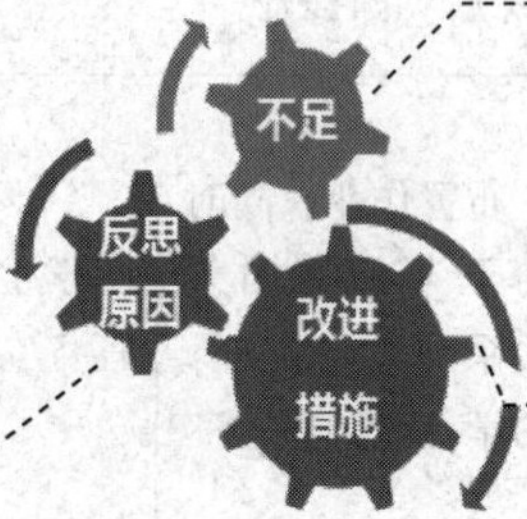

1. 团队合作精神不够，基础薄弱的学生欠缺主动性
2. 教学手段不够丰富

1. 基础较好的学生在小组中承担了主要职责，基础较差的学生参与主动性欠缺
2. 对课程的理解不够

1. 教学过程中，及时把握学生课堂动态，正确处理学生间的关系，鼓励基础较好的学生帮助基础较差的学生
2. 专业课教师还需不断学习，转变观念，理解该模块基本理论，探索各种教学方法来提高学生兴趣

教学设计 10

单位：四川矿产机电技师学院 作者：梁越月

模块名称	理解与表达	题目	第二课 训练一 联想与对话
课时	2 课时	教学对象	××级新生

一、学习目标

1. 运用联想思维，更加客观地理解文章的内容、主旨，推导作者的意图
2. 从作者角度出发，对文本进行理性思考
3. 将联想与感受有机结合来进行深度阅读

二、学习内容

1. 训练提示：联想思维的 5 个方面、对阅读“直觉”的判断、联想与感受的结合方式
2. 题一到题五的训练

三、重点与难点

1. **重点**：运用联想思维、理性思维对文章内容进行客观解读。之所以作为重点，是因为运用联想思维和理性思维可以更加客观准确地理解文章的内容、主旨或推导作者的意图。教学中主要通过“训练提示”“演一演”“强化训练”等教学环节来提高学生从作者的角度对文本进行正确解读的能力

2. **难点**：将联想与感受有机结合。之所以作为难点，是因为学习性阅读中特有的疾病现象，容易导致“误读”。主要通过“训练提示”来明确联想与感受结合的要领，并通过“强化训练”“公式与爱情”“谈谈李白”“总结评价”这些教学环节来强化学生的学习效果

四、学习资源

1. 场地与设备：一体化教室，分组摆放的课桌椅、多媒体教学设备
2. 工具与材料：雨课堂、白板等
3. 教学材料：《理解与表达》教材、教学课件等

五、教学实施过程

教学环节	学生活动	教师活动	教学手段	教学方法
环节一 课前预习	通过雨课堂对将要学习的内容进行预习，并将预习情况反馈给教师	通过雨课堂发布预习训练提示、题一、题二等内容	雨课堂	

续表

教学环节	学生活动	教师活动	教学手段	教学方法
环节二 训练提示 （10分钟）	认真听讲，深度理解训练提示，明确在阅读文章中运用哪些方法才能更加客观地理解文章的内容、主旨或者推导作者的意图	引导学生对训练提示进行深度理解。明确阅读文本要做到以下几点： 1. 合理联想 2. 理性阅读，避免郢书燕说 3. 联想与感受有机结合	雨课堂 教学课件	讲授法
环节三 演一演 （30分钟）	1. 练习与联想思维、理性思维相关的题目（训练题一） 2. 分小组演绎《流亡者》的剧本（每组3分钟），并讨论由剧情联想到了哪些问题 3. 将联想到的问题通过雨课堂投稿功能发送出来 4. 在联想得到答案的基础上，推导作者创作的意图（展示人性）	1. 展开对合理联想、理性联想的训练（训练题一） 2. 点评学生的表演并要求从作者创作的角度出发，对剧情展开合理联想与理性思考 3. 在雨课堂中展示最佳答案 4. 提问并引导学生探究作者通过这个微剧本表达的内涵	雨课堂	讲授法 合作学习法
环节四 公式与爱情 （20分钟）	1. 强化对合理联想、理性思考的理解（训练题二） 2. 观看视频 3. 在了解故事背景后阅读文本并完成课后第二题，根据文段“这段爱情引发国王的震怒”“笛卡尔不久便染上黑死病”等内容进行合理联想 4. 通过雨课堂投稿功能发送答案	1. 继续训练联想思维、理性思维相关的题目（训练题二） 2. 在雨课堂上播放百岁山矿泉水的广告视频，向学生讲述笛卡尔与公主的爱情故事 3. 要求学生运用联想思维补充文本中没有描写的笛卡尔写这封信时的细节和心迹（启发学生在文本提及的内容基础上展开合理联想与理性思考） 4. 通过雨课堂投稿功能接收投稿	雨课堂	讲授法 启发法

续表

教学环节	学生活动	教师活动	教学手段	教学方法
环节五 强化训练 （15 分钟）	1. 聆听教师讲课 2. 学生自主强化，小组合作完成题四的第 1、第 4 题，题五第 1 题，并试着推导出作者的创作意图	1. 再次强调联想思维、理性思维对客观理解文章内容的重要性 2. 要求学生自主完成题四第 1、第 4 题，题五第 1 题，并要求推导出作者的创作意图	雨课堂 教学课件	讲授法 小组合作法
环节六 谈谈李白 （10 分钟）	1. 小组讨论，为什么会出现对李白诗歌误读的现象 2. 总结防止产生误读的方法 （1）从作者角度出发 （2）直觉感受应理性化 （3）是否在文中得到验证 3. 完成题三第 4 题、题五第 3 题	1. 在雨课堂中完成“李白诗歌误读举例”并探讨（附件）学习阅读中特有的“误读”现象 2. 归纳总结 3. 讲评题三第 4 题、题五第 3 题	教学课件	讲授法 讨论法
环节七 总结评价 （5 分钟）	聆听教师课堂总结	总结本次课堂学习内容和结果，强调“训练提示”的应用	教学课件	归纳法
环节八 课后作业	明确课后任务要求	布置课后作业：完成题一至题五剩下的题，并预习下一节内容	雨课堂	

六、学业评价

1. 教师评价，教师根据每个小组的课堂表现，给出成绩，按 50%的权重折算出分数
2. 小组互评，小组成员之间相互评价，并给出分数，按 30%的权重折算出分数
3. 自我评价，小组成员自评，并给出分数，按 20%的权重折算出分数

附件

李白诗歌误读举例

静夜思

床前明月光，

疑是地上霜。

举头望明月，

低头思故乡。

公元726年（唐玄宗开元十四年），李白时年26岁左右，正寓居扬州旅舍。李白在一个月明星稀的夜晚，抬头望天空一轮皓月，思乡之情油然而生，写下了传颂千古的名诗《静夜思》。

长期以来，人们以今度古、望文生义，把李白《静夜思》首句“床前明月光”中的“床”字误读成“卧床”，把“静夜”误认为是“深夜”，因此把室外的“月光”误解为室内床前的月光，以致使诗的情景移位，使诗中一些重要词语不能得到确切的解析，并进而导致对作品的内容不能充分认识，对其艺术特点不能准确理解。

实际上，从作者的创作角度、作品的语境上都可以充分证明“床”为井栏（一说为坐具），而不是今天意义上的卧床。从诗的首句就可知作者是在室外坐着赏月，因望月而引起思乡之情。根据文意也可推导出，月光应指室外的月光，而非室内的月光。静夜指的并非深夜，而是夜初人静后，人们入睡不久，但诗人还没有睡意。

训练二　因果关系与逻辑推理

教学设计 11

单位：福州第一技师学院　　作者：张雄

模块名称	理解与表达	题目	第二课　训练二　因果关系与逻辑推理
课时	2 课时	教学对象	××级新生

一、学习目标

1. 能就关键信息进行因果联想并合理阐释
2. 能厘清文本逻辑思路，把握关键信息与文本整体的内在联系
3. 能从文本出发，依照逻辑常识，客观推导作者意图
4. 将思考结果转化为规范的文字，准确而简洁地写出来

二、学习内容

1. 训练提示：《政客的改革方案》《立论》
2. 新课导入：题二《经济学家和真正的动物世界》
3. 课堂练习：题三、题四

三、重点与难点

1. **重点**：从文本出发，依照逻辑常识，客观推导作者意图。之所以作为重点，主要是因为文本都是作者对客观世界的描述和认识，这种描述和认识又都是逻辑思维的结果。学生只有掌握一定的逻辑推理能力，才能更好地理解文本。主要通过“课堂导入”“课堂练习”及“课堂小测”等教学环节，引导学生掌握一定的逻辑推理能力，进而推导出作者本意

2. **难点**：将思考结果转化为规范的文字，准确而简洁地写出来。之所以作为难点，是因为目前技工院校学生的语言表达能力普遍低下，将所思所想表达出来存在一定的困难，需要在教师的引导下才能实现。主要通过“课堂练习”等训练环节，引导学生进一步提高语言表达能力

四、学习资源

1. 场地与设备：一体化教室，分组摆放的课桌椅、多媒体教学设备
2. 工具与材料：A4 纸、手机、彩色卡纸和白板等
3. 教学材料：《理解与表达》教材、教学课件等

续表

五、教学实施过程				
教学环节	学生活动	教师活动	教学手段	教学方法
环节一 课前预习	1. 预习第二课训练二文本 2. 在班级微信群回复预习情况	1. 通过班级微信群发布预习内容，布置预习任务 2. 通过班级微信群检查学生预习情况	班级微信群 个人手机	
环节二 课堂导入 （15 分钟）	1. 个人自主完成题二《经济学家和真正的动物世界》 2. 分小组，逐题讨论答案，并以小组为单位汇报结果	1. 检查各组预习情况 2. 就学生答题情况进行巡视点评	教学课件	讨论法
环节三 提示引导 （20 分钟）	1. 深度学习“训练提示”文本 2. 回答教师相关问题	1. 指导学生深度理解“训练提示” 2. 以“训练提示”中的《政客的改革方案》《立论》为例强化整体感知，启发学生掌握一定的逻辑推理能力	教学课件	启发法
环节四 课堂练习 （30 分钟）	1. 个人自主完成作业题三、题四 2. 分小组，逐题讨论作业答案 3. 展示学习成果	1. 检查巡视各组学习讨论情况，回答学生提问 2. 听取各组学习情况汇报 3. 检查和归纳习题答案	教学课件 A4 纸 彩色卡纸 白板	启发法
环节五 课堂小测 （10 分钟）	独立完成下列课堂测试： 指出下面推论是否有误？请说明理由 1. 只要下雨，地面就湿。现在地面是湿的，说明刚才一定下过雨（肯定后件） 2. 我看见过的天鹅都是白的，说明世界上的天鹅一定都是白的（以偏概全） 3. 你现在不去跑步，你就并非跑步爱好者（非黑即白）	1. 组织测试，检查学生“一课一得”情况 2. 讲解答案，巩固学生学习成果	教学课件	诊断法

续表

教学环节	学生活动	教师活动	教学手段	教学方法
环节六 总结评价 （10 分钟）	聆听教师课堂总结	1. 总结本次课堂学习内容和结果，强调本课“训练提示”的应用 2. 点评学生学习表现，评出最佳学习小组	教学课件	讲授法
环节七 布置作业 （5 分钟）	明确课后任务要求	1. 布置课后作业（完成自我测试题三） 2. 布置课后预习内容和要求 （1）预习《第三课　事理与过程》 （2）预习完成“翻转课堂”	教学课件	任务驱动法

六、学业评价

1. 根据课题测试结果，按 80% 权重折算成分数

2. 根据各小组整体表现，由教师给出小组成绩，再由各小组给出个人成绩，按 20% 权重折算成分数

七、教学反思

教学结束后反思得失，提出教学策略、方法与手段的改进方向和措施

教学设计 12

单位：福州第一技师学院　　作者：张雄

模块名称	理解与表达	题目	第二课　训练二　因果关系与逻辑推理
课时	2 课时	教学对象	××级新生

一、学习目标

1. 确立“理解的过程就是与作者对话的过程”的基本理念
2. 立足文本提出质疑或问题，再从文本中寻求答案
3. 依照文本逻辑思路，运用相关背景知识，客观解读文本信息
4. 综合相关信息，推导、分析作者意图，并从文本获得验证
5. 能将思考结果转化为规范的文字，准确而简洁地写出来

二、学习内容

1. 训练提示：《认真学习语文》《雨伞》
2. 新课导入：题一《科学奖要经得住时间考验》
3. 课堂练习：题三《我国古代图书馆》、题五《围棋、象棋与中国传统文化》

三、重点与难点

1. **重点：**综合相关信息，推导、分析作者意图，并从文本获得验证。之所以作为重点，主要是一方面对文本的解读有赖于学生对作者意图的推导、分析，另一方面学生所理解的作者意图正确与否又必须从文本获得验证。学生只有掌握一定的逻辑推理能力，才能更好地进行推导、分析，从而理解文本。主要通过“课堂导入”“课堂练习”及“课堂小测”等教学环节，引导学生能够掌握一定的逻辑推理能力，进而推导出作者本意

2. **难点：**将思考结果转化为规范的文字，准确而简洁地写出来。之所以作为难点，是因为目前技工院校学生的语言表达能力普遍低下，将所思所想表达出来存在一定的困难，需要在教师的引导下才能实现。主要通过“课堂练习”等训练环节，引导学生进一步提高语言表达能力

四、学习资源

1. 场地与设备：一体化教室，分组摆放的课桌椅、多媒体教学设备
2. 工具与材料：A4 纸、手机、彩色卡纸和白板等
3. 教学材料：《理解与表达》教材、教学课件等

五、教学实施过程

教学环节	学生活动	教师活动	教学手段	教学方法
环节一 课前预习	1. 预习第二课《训练三　与作者对话》文本 2. 在班级微信群回复预习情况	1. 通过班级微信群发布预习内容，布置预习任务 2. 通过班级微信群检查学生预习情况	班级微信群 手机	

续表

教学环节	学生活动	教师活动	教学手段	教学方法
环节二 课堂导入 （15 分钟）	1. 个人自主完成教材第 66 页题一《科学奖要经得住时间考验》 2. 分小组，逐题讨论答案，并以小组为单位汇报结果	1. 检查各组预习情况 2. 就学生答题情况进行巡视点评	教学课件	讨论法
环节三 提示引导 （20 分钟）	1. 深度学习“训练提示”文本 2. 回答教师相关问题	1. 指导学生深度理解“训练提示” 2. 以“训练提示”中的《认真学习语文》《雨伞》为例，启发学生通过文本的逻辑思路及换位思考的方法，与作者展开对话，从而正确解读文本	教学课件	启发法
环节四 课堂练习 （30 分钟）	1. 个人自主完成题三《我国古代图书馆》、题五《围棋、象棋与中国传统文化》 2. 分小组，逐题讨论作业答案 3. 展示学习成果	1. 检查巡视各组学习讨论情况，回答学生提问 2. 听取各组学习情况汇报 3. 检查和归纳习题答案	教学课件 A4 纸 彩色卡纸 白板	启发法
环节五 课堂小测 （10 分钟）	独立完成下列课堂测试： 1. 一位外国女士读了钱钟书的书，十分敬佩作者，打电话给钱钟书，希望能登门拜访。钱钟书在电话里说：“假如你吃了个鸡蛋，觉得不错，何必要认识那下蛋的母鸡呢？”钱钟书的言外之意是什么？ 2. 20 世纪 50 年代初，周总理接受外国记者的采访，随手将进口的钢笔放在桌上。记者说：“总理阁下，你们堂堂的中国人，为什么还要用我们生产的钢笔呢？”周总理答道：“这不是一支普通的钢笔，而是一个朋友在朝鲜战场上得到的战利品，是作为礼物送给我的。我觉得有意义就收下了贵国的钢笔。”周总理的言外之意是什么？	1. 组织测试，检查学生“一课一得”情况 2. 讲解答案，巩固学生学习成果	教学课件	诊断法

续表

教学环节	学生活动	教师活动	教学手段	教学方法
环节六 总结评价 （10分钟）	聆听教师课堂总结	1. 总结本次课堂学习内容和结果，强调本课“训练提示”的应用 2. 点评学生学习表现，评出最佳学习小组	教学课件	讲授法
环节七 布置作业 （5分钟）	明确课后任务要求	1. 布置课后作业（完成题二《人类体能的极限》） 2. 布置课后预习内容和要求 （1）预习《第三课　事理与过程》 （2）预习完成“翻转课堂”	教学课件	任务驱动法
六、学业评价				
1. 根据课题测试结果，按80%权重折算成分数 2. 根据各小组整体表现，由教师给出小组成绩，再由各小组给出个人成绩，按20%权重折算成分数				
七、教学反思				
教学结束后反思得失，提出教学策略、方法与手段的改进方向和措施				

第三课　事理与过程

翻转课堂、知识与方法、示例

教学设计 13

单位：福州第一技师学院　　**作者：张雄**

模块名称	理解与表达	题目	第三课　翻转课堂、知识与方法、示例
课时	2 课时	教学对象	××级新生

一、学习目标

1. 能够就一件事或物的过程或机理，按照合理规则，厘清头绪，明确要点及细节，并以大纲形式表达出来

2. 能够借助说明、叙述等主要表达方式，将做事过程中所需文字材料准确、规范地写出来，并在应用中获得预期效果

3. 能够按照“立意—构思—写作—修改—应用”的流程，练习相关文种写作，并达到熟练掌握、规范应用的程度

二、学习内容

1. 知识与方法

2. 示例：德胜公司培训手册（语段）

3. 学以致用：鲁迅先生的《自传》

三、重点与难点

1. **重点：**能够厘清做事的规则。之所以作为重点，主要是因为针对不同的事情，有着不同的做事规则和做事步骤的先后顺序。主要通过“翻转课堂”“知识与方法”及“示例”等教学环节，引导学生能够准确理解把握不同做事的规则

2. **难点：**准确把握做事规则的重点。之所以作为难点，是因为能否理解、把握住做事规则的重点受到学生人生阅历、已有认知和行为习惯等方面影响，需要学生自主体悟并在教师的帮助下即时调整。主要通过“翻转课堂”“示例”“学以致用”“课堂小测”等训练环节，引导学生在方法的应用中提升方法能力

续表

四、学习资源				
1. 场地与设备：一体化教室，分组摆放的课桌椅、多媒体教学设备 2. 工具与材料：A4 纸、手机、彩色卡纸和白板等 3. 教学材料：《理解与表达》教材、教学课件等				
五、教学实施过程				
教学环节	学生活动	教师活动	教学手段	教学方法
环节一 课前预习	1. 预习第三课《事理与过程》文本 2. 在班级微信群回复预习情况	1. 通过班级微信群发布预习内容，布置预习任务 2. 通过班级微信群检查学生预习情况	班级微信群 手机	
环节二 翻转课堂 （15 分钟）	1. 个人自主完成“翻转课堂”中按照时间顺序列双休日计划活动清单的要求 2. 分小组，逐题讨论答案，并以小组为单位汇报结果	1. 检查各组预习情况 2. 就“翻转课堂”学生答题情况进行巡视点评	教学课件	讨论法
环节三 示例引导 （20 分钟）	1. 深度学习“知识与方法”文本 2. 回答教师相关问题	1. 指导学生深度理解“知识与方法” 2. 以“示例”德胜公司培训手册为例，启发学生对文本进行正确解读，自主得出结论	教学课件	启发法
环节四 学以致用 （30 分钟）	1. 自主完成作业“学以致用”——鲁迅先生的《自传》 2. 分小组，逐题讨论作业答案 3. 展示学习成果	1. 检查巡视各组学习讨论情况，回答学生提问 2. 听取各组学习情况汇报 3. 检查和归纳习题答案	教学课件 A4 纸 彩色卡纸 白板	启发法
环节五 课堂小测 （10 分钟）	独立完成下列课堂测试： 请排出下列西红柿炒鸡蛋的步骤，并说出关键步骤 1. 将鸡蛋打入碗中，加盐后搅匀 2. 锅中放油加热，倒入鸡蛋液推匀定型，炒熟后盛出备用 3. 加鸡精后倒入鸡蛋，翻炒均匀即可 4. 锅中加油，放入葱末、西红柿翻炒 5. 把西红柿洗净后去蒂，切三角块。将葱切成末	1. 组织测试，检查学生“一课一得”情况 2. 讲解答案，巩固学生学习成果	教学课件	诊断法

续表

教学环节	学生活动	教师活动	教学手段	教学方法
环节六 总结评价 (10分钟)	聆听教师课堂总结	1. 总结本次课堂学习内容和结果，强调本课“训练提示”的应用 2. 点评学生学习表现，评出最佳学习小组	教学课件	讲授法
环节七 布置作业 (5分钟)	明确课后任务要求	1. 布置课后作业（完成自我测试题一《柔石小传》） 2. 布置课后预习内容和要求（预习完成训练一题二《哥伦布航海日志》，撰写一周以来的个人备忘录）	教学课件	任务驱动法

六、学业评价

1. 根据课题测试结果，按80%权重折算成分数

2. 根据各小组整体表现，由教师给出小组成绩，再由各小组给出个人成绩，按20%权重折算成分数

七、教学反思

教学结束后反思得失，提出教学策略、方法与手段的改进方向和措施

教学设计 14

学校：江苏省常州技师学院　　作者：崔琪

<table>
<tr><td>模块名称</td><td>理解与表达</td><td>题目</td><td>第三课　知识与方法、示例、学以致用</td></tr>
<tr><td>课时</td><td>2 课时</td><td>教学对象</td><td>初中起点高级班一年级班级</td></tr>
<tr><td colspan="4">一、学习目标</td></tr>
<tr><td colspan="4">1. 能够就一件事或物的过程或机理，按照合理规则，梳理清楚头绪，明确要点及细节，并以大纲形式表达出来
2. 能够借助说明、叙述等主要表达方式，将做事过程中所需文字材料准确、规范地写出来，并在应用中获得预期效果
3. 能够按照“立意—构思—写作—修改—应用”的流程，练习相关文种写作，并达到熟练掌握、规范应用的程度</td></tr>
<tr><td colspan="4">二、重难点分析</td></tr>
<tr><td colspan="4">重点：能够梳理出一事、一物的程序和规则，形成过程合理、流程清晰的规范文本
重点分析：把事情做好，有时离不开必要的书面表达。做事必然遵循一定的过程和规则，相关书面表达也要依据事理成文。梳理清楚事理，明白流畅地表达出来，是做好事情的一部分，更是写好应用类文体的根本
难点：运用所学知识与方法，将思考结果以规范、简洁的文字形式表达出来
难点分析：学生容易存在两个问题，一是弄不清事理，缺乏较为清晰的程序意识和较强的逻辑分析能力；二是明白事理却无法较好地表达，要么对写作存畏难情绪，要么缺乏好的下笔成文能力。因此，如何将思考结果转化为规范、简洁、明确的书面文字就成了难点</td></tr>
<tr><td colspan="4">三、教学实施过程</td></tr>
</table>

教学环节	教师活动	学生活动
【新课引入】（5 分钟） 张婷同学喜欢盆栽种植。最近，她从网上购买了一袋碗莲种子，准备种植出一盆漂亮的莲花摆在客厅。卖家给了她详细的种植教程： 第一步：第 1 天，泡种子 把碗莲种子倒入碗莲盆中（此盆作为发芽用），加水泡一天一夜（可用自来水） 第二步：第 2 天，剥壳 把泡种子的水倒掉。沿着种子开口端轻轻剥去一半外壳 第三步：第 3~7 天，催芽 剥掉壳后，用指甲轻轻地在开口端破开一个口，露出芽头，帮助碗莲发芽，保证发芽率；然后滴加营养液，一天一次；每天换一次水，直到发芽为止		

续表

教学环节	教师活动	学生活动
第四步：换盆 此时碗莲已经发出铜钱大小的叶子，或已经开始扎根，这时应该加荷塘泥移植到大盆中（不加荷塘泥，碗莲不开花） 第五步：加荷塘泥 把荷塘泥洗净，加到新盆中，倒入深约 10 厘米的水。随着碗莲植株的生长不断加水，直到荷叶站起来 第六步：植物扎根 不要刻意扶植植物起来生长，随着碗莲的生长以及荷塘泥和水的增加，碗莲会慢慢扎根而长立起来（春天 45 天左右，秋天 80 天左右） 第七步：等待开花 碗莲无休眠期。在温度（达到 16℃以上）、光照、荷塘泥等适宜的条件下，从播种到开花，秋季约需 80 天，冬季约需 100 天 	出示案例	观看课件
张婷把碗莲种子种下去以后，经过一段时间精心培植，水莲长出了较多的枝叶，但是这些枝叶慢慢开始变黑腐烂。经过再次沟通，卖家指出了张婷在种植过程中的错误：没有对所加的荷塘泥进行清洗。这样的荷塘泥由于没有经过任何消毒和清洁，往往含有虫卵及细菌，在高热高湿的条件下就容易带来虫子的繁殖，进而导致植株腐烂	启发思考	听讲
张婷的失败，在于忽略了碗莲种植中一个小小的步骤顺序，不洁净的荷塘泥导致了碗莲的坏死。不仅碗莲，所有植物的种植培育都要根据自身的特点严格遵循相关步骤、要求，否则就会带来植物的生长不良甚至死亡。其实，我们在生活、工作中从事的许多活动都与此类似。这就是我们今天要讲的主题：事理与过程	引入新课	做好学习准备

续表

<table>
<tr><th>教学环节</th><th>教师活动</th><th>学生活动</th></tr>
<tr><td>【新课讲授】（10 分钟）
一、理论学习
1. 学生自主阅读课本“知识与方法”文本，运用前面所学“提炼关键词—厘清逻辑关系—概括主旨”的方法，思考以下问题，在规定时间内抢答：（5 分钟）</td><td>阐明阅读要求
明确作答时限
出示题目
计时</td><td>明确要求
理解题目
自主阅读</td></tr>
<tr><td>（1）什么是时序？什么是因果？
明确：时序是先做什么，后做什么。因果是做的结果如何，是否能达成初衷</td><td>明确答案
出示题目</td><td>抢答
理解题目</td></tr>
<tr><td>（2）与做事有关的书面表达有什么要求？主要写作手法是什么？基本方法是什么？</td><td>巡回指导</td><td>思考</td></tr>
<tr><td>明确：与做事有关的书面表达要求——主题精准、内容客观、条理清晰、表意明确且无歧义。写作手法——说明、叙述为主，可辅以必要的议论、抒情。基本方法——明白事理，按照做事流程自然成文</td><td>明确答案</td><td>抢答</td></tr>
<tr><td>2. 示例分析（5 分钟）</td><td>阐明阅读要求
出示题目</td><td>明确要求
理解题目</td></tr>
<tr><td>阅读课本《德胜员工守则》（节选）中“清洗马桶”的示例。结合材料，思考、讨论、填写表格并上传至电子教室软件中</td><td>出示表格</td><td>自主阅读</td></tr>
<tr><td><table>
<tr><td rowspan="8">时序</td><td>做什么</td><td>如何做</td><td colspan="2">做到什么程度</td></tr>
<tr><td colspan="4">因果</td></tr>
<tr><td>第一步：倒</td><td>倒洗洁剂</td><td>均匀</td><td rowspan="6">干净标准：通过水质理化检测/从马桶中舀出的水能喝</td></tr>
<tr><td>第二步：泡</td><td>浸泡</td><td>10 分钟</td></tr>
<tr><td>第三步：刷</td><td>刷马桶</td><td>干净</td></tr>
<tr><td>第四步：冲</td><td>冲马桶</td><td>干净</td></tr>
<tr><td>第五步：湿擦</td><td>用湿毛巾擦马桶</td><td>无水渍</td></tr>
<tr><td>第六步：干擦</td><td>用干布擦马桶</td><td>无水渍</td></tr>
</table></td><td>巡回指导

在线批阅

明确答案</td><td>思考
讨论
填写并上传表格

完善答案</td></tr>
<tr><td>【学以致用】（时间：60 分钟）
二、阅读与写作</td><td>浏览阅读要求
出示题目</td><td>明确要求
理解题目</td></tr>
<tr><td>1. 阅读课本“学以致用”文段，完成第（1）、第（2）题（9 分钟）
概括文段各自然段要点，梳理写作脉络：</td><td>出示表格
巡回指导
个别答疑</td><td>自主阅读
思考
讨论</td></tr>
</table>

续表

<table>
<tr><th>教学环节</th><th>教师活动</th><th>学生活动</th></tr>
<tr><td>
<table>
<tr><th>年份</th><th>活　动</th></tr>
<tr><td>1881</td><td>出生于浙江省绍兴府城周家</td></tr>
<tr><td>1893</td><td>家道中落，居住在亲戚家</td></tr>
<tr><td>1898</td><td>离开绍兴，往南京求学</td></tr>
<tr><td>1899</td><td>转入矿务铁路学堂</td></tr>
<tr><td>1902</td><td>赴日公费留学</td></tr>
<tr><td>1906</td><td>从仙台医专退学，开始从事文艺工作</td></tr>
<tr><td>1909</td><td>回国入杭州、浙江两级师范学堂任化学和生理学教员</td></tr>
<tr><td>1910</td><td>任绍兴中学堂教员兼监学</td></tr>
<tr><td>1912</td><td>任南京临时政府教育部职员，后迁入北京，
兼任北大、北师大及北京女子师大讲师</td></tr>
<tr><td>1926</td><td>为躲避段祺瑞政府迫害，南下任厦门大学教授：
后赴广东，任中山大学教授</td></tr>
<tr><td>1927</td><td>从中山大学辞职，移居上海</td></tr>
</table>
</td><td>在线批阅
明确答案

简评</td><td>梳理脉络

填写并上传表格

完善答案</td></tr>
<tr><td>2. 按照课本要求，写作一篇自传（51 分钟）</td><td>阐明写作要求</td><td>明确要求</td></tr>
<tr><td>（1）构思自传脉络，填写表格（15 分钟）
<table>
<tr><th>年份（或年份区间）</th><th>岁数（或岁数区间）</th><th>职业经历或业绩</th></tr>
<tr><td>××年（或××—××年）</td><td>××岁（或××—××岁）</td><td>……</td></tr>
<tr><td>……</td><td>……</td><td>……</td></tr>
</table>
</td><td>巡回指导

巡回指导</td><td>思考
填表
思考—写作—修改
上传、互评</td></tr>
<tr><td>（2）根据自传脉络，用规范、简洁的文字写作 1 000 字左右的自传，上传至电子教室软件，学生之间互评，教师随机抽评（30 分钟）</td><td>抽评</td><td></td></tr>
<tr><td>（3）从互联网收集鲁迅名言，从中选取一则作为鲁迅的墓志铭，并说明选取的原因（6 分钟）</td><td>巡回指导
引导讨论
简评</td><td>搜索鲁迅名言；讨论、选定鲁迅墓志铭</td></tr>
<tr><td>【课堂小结】（时间：5 分钟）
通过本课学习，我们初步掌握了事理与过程的相关知识与方法：
1. 从事任何活动时，都要考虑先做什么后做什么，这是“时序”
2. 做一件事，考虑得到的结果是不是自己想要的，这是“因果”
3. 与做事有关的书面表达，应符合几个要求：主题精准、内容客观、条理清晰、表意明确无歧义
4. 与做事有关的书面表达的写作手法是：说明、叙述为主，可辅以必要的议论、抒情</td><td>小结</td><td>听讲</td></tr>
</table>

续表

教学环节	教师活动	学生活动
5. 与做事有关的书面表达的写作基本方法是：明白事理，按照做事流程自然成文 学会这些，将帮助我们在未来的生活和工作中更有条理、更加高效地从事各种活动，获得成就	小结	听讲
【当堂测评】（时间：5 分钟） 一、请学生阅读下列各图，并在规定时限内完成测评试题。各题目均为不定项选择。测试结果由教师当堂评阅打分（总分：6 分）	计时测评	完成题目

快乐小屋暑期兴趣班课程表

星期 课程 时间	星期一	星期二	星期三	星期四	星期五	星期六	星期日
8:30-9:15	电脑/写作	英语	写作/科学	书法	电脑	象棋	书法
9:25-10:05	电脑/写作	英语/跆拳道	写作/科学	书法	电脑	象棋	书法
10:15-10:55	电脑/写作	英语/跆拳道	写作/科学	书法	电脑	象棋	书法
14:05-14:50	数学	摄影	美术	数学/跆拳道	美术/科学	英语	摄影
15:00-15:45	数学	摄影	美术	数学/跆拳道	美术/科学	英语	摄影
15:55-16:40	数学	摄影	美术	数学	美术/科学	英语	摄影
6:40-7:25			心理	主持		心理	主持
7:35-8:20			心理	主持		心理	主持

续表

教学环节	教师活动	学生活动
1. 从图 1 可以得出哪些判断（AD）（3 分） A. 图 1“日本—伊朗”和“日本—中国”的顺序可以调换且不影响比赛结果 B. 图 1“半决赛 1”和“1/4 决赛”的顺序可以调换且不影响比赛结果 C. 图 1“三、四名决赛”和“1/4 决赛”的顺序可以调换且不影响比赛结果 D. 图 1“中国—印度尼西亚”可以调换为“印度尼西亚—中国”且不影响比赛结果 2. 从图 2 可以得出哪些判断（D）（3 分） A. 周二 14：05—16：40 的摄影课调换到周一 14：05—16：40，将影响周三同一时段美术课的学习效果 B. 周五 8：30—10：55 的电脑课必须排在周四 18：40—20：20 的主持课之后 C. 书法课的排课时间是根据美术课的学习效果而定的 D. 周日 8：30—10：55 书法课的学习效果会受周四同一时段书法课的影响	计时测评	完成题目
二、请将以下各项按照要求排序（总分：3 分） 背景： 浙江风光旅游公司（甲方）和法国巴黎 MC 公司（乙方）将就“欧洲八国游”合作项目在杭州展开商业谈判。全部谈判议题包括： ①甲方介绍公司基本情况、未来发展愿景和与乙方历史合作所取得的佳绩 ②乙方就价格做详细说明 ③甲乙双方达成合作意向并签字 ④甲方就合作报价做出还价 ⑤乙方就相关的合作内容进行陈述与提问 ⑥甲方就价格做详细说明 ⑦乙方提出合作报价 ⑧甲方对乙方提出的疑问与相关事项做出回应与解答 ⑨乙方介绍公司基本情况和未来发展愿景 ⑩乙方谈判代表致辞 ⑪甲方迎接乙方公司谈判代表 要求：请根据商业谈判的事理过程和相关常识，对上述 11 项议题进行排序	在线批阅	自检
明确：⑪①⑩⑨⑤⑧⑦②④⑥③	公布答案	
【作业布置】（时间：5 分钟） 按照课本“翻转课堂”的要求，每人就将要到来的双休日，按照时间顺序，列出一个双休日计划活动清单。过后，对照计划与实际执行情况，反思原因或总结经验	布置作业 阐明要求	记录 明确要求

训练一　策划、备忘与总结

教学设计 15

单位：河南化工技师学院　　作者：勾雪松

模块名称	理解与表达	题目	第三课　训练一　策划、备忘与总结
课时	2 课时	教学对象	广告专业××班

一、学习目标

课前目标

1. 课前分小组开展活动策划讨论，能以备忘的形式完整有序记录讨论中形成的共识，以及自己在活动策划和组织过程中承担的工作
2. 通过预习“训练提示”，能够说出事前、事中、事后的描述中分别需要用到哪种文本；明白策划、备忘、总结对做好事情、提高能力的意义
3. 能够通过案例分析正确描述策划的写作格式及写作要求，并以备忘的形式做好课前学习备忘笔记
4. 能够通过观看往年毕业典礼视频，记录活动流程及活动时间，详细绘制往年毕业典礼活动的思维导图
5. 能够通过课前预习建立自主学习意识

课中目标

1. 能够结合课前绘制的往年毕业典礼的思维导图，列出本次活动的策划大纲
2. 能够根据策划大纲撰写本年度毕业典礼策划书，做到格式正确，内容详尽
3. 能够通过本课的学习，掌握做事的条理性要求，养成缜密的逻辑思维
4. 能够在小组合作中，形成团队合作、尊重他人的意识

课后目标

1. 能够根据任务完成过程及课堂评价，进行总结反思，并借助电子演示文稿对本课进行总结
2. 能够独立书写“歌咏比赛”活动策划书

二、学习内容

1. 学习情境描述
又到了毕业季，学长们将要离校。学校要为他们举办一场毕业典礼。请策划这一活动
2. 学习辅助案例
训练题一至题四
3. 知识点
（1）流程图、鱼骨图的绘制方法
（2）策划书、备忘录、总结的写作方法

续表

三、重难点分析			
重点		难点	
重点内容	策划、备忘、总结的写作要点	难点内容	学生能够在实际情境中自主运用策划、备忘、总结文体
突破方法	以具体的事情为切入点，引导学生理解：处理一件事需要按照事理逻辑进行，事前完成策划、事中有备忘、事后能总结。由此引入并强调策划、备忘、总结的写作要点，以更好地完成任务	突破方法	1. 通过课前自主学习，并完成课前备忘笔记，加深对备忘文本的实际应用方式的体会 2. 课前通过观看毕业典礼视频，记录活动时间节点与活动形式的要点，完成本次活动的思维导图 3. 通过小组合作讨论，借助对策划大纲模板分析，结合思维导图，完成毕业典礼的活动策划 4. 课后用电子演示文稿完成对本次任务的总结 5. 通过课后延伸，结合学院举办的“歌咏比赛”活动，完成活动策划，加强学生策划文本的能力

四、学习资源
（一）学习环境
一体化教室，分组摆放的课桌椅
（二）软件资源
手机、彩色纸、白板、奖品、彩色笔、多元评价表等
（三）硬件资源
多媒体教学设备、黑板

五、教学实施过程

教学环节	教学内容	教师活动和学生活动	教学手段	设计意图
一、课前勤动脑	预习训练	1. 教师通过微信群发布预习内容、布置预习任务，学生根据教师布置的作业完成策划的预习 2. 学生分析策划、备忘、总结的写作格式及写作内容，并完成课前学习备忘笔记 3. 学生线上提交预习作业，教师检查反馈 4. 课前观看往年毕业典礼视频，学生记录活动环节与活动形式，并绘制思维导图	手机	通过课前预习让学生对本课内容有一定的了解，锻炼学生自主学习能力

续表

教学环节	教学内容	教师活动和学生活动	教学手段	设计意图
二、有奖竞答（20分钟）	理论知识	1. 教师组织小组竞赛，学生抢答 2. 通过小组竞赛抢答的形式对预习内容进行提问，帮助学生理解策划的特点、写作要求及内容 3. 给积分最高小组颁发小礼品 4. 教师对基本理论知识进行总结	教学课件	通过小组竞赛的方式增加学生参与兴趣，并对学生预习情况进行检查
三、构建“骨架”（10分钟）	事理过程	1. 小组合作分析课本中的策划模板，梳理大纲 2. 模仿策划模板，结合课前完成的思维导图，完成策划大纲的撰写	教学课件、手机、大白纸	通过小组合作探究，培养学生的合作探究意识，学生通过对课本策划模板进行分析，结合之前完成的思维导图，完成策划大纲的撰写
四、填充“血肉”（30分钟）	策划应用	1. 学生根据策划大纲完成毕业典礼策划书的撰写 2. 教师巡回指导，学生出现问题及时给予帮助	手机、作业纸	有了策划大纲再完成策划书的撰写，让学生在动笔前梳理清楚思路，帮助学生理解事理与过程的关系
五、火眼金睛（15分钟）	应用纠错	1. 每组学生将完成的策划上传到智慧课堂 2. 教师收集各组策划书 3. 根据策划的要求自行对比各组完成情况 4. 学生相互指出发现的文本问题 5. 教师对问题汇总	教学课件、智慧课堂	通过对比各个小组的成果，让学生自己发现问题，教师辅助并做补充，培养学生自主学习的意识，并对问题分析总结
六、决胜之机（10分钟）	完善策划	1. 学生根据教学环节五提出的问题进行修改完善 2. 教师巡回指导	作业纸	学生能够根据教师与同学所指出的问题进行修改完善，最终完成一篇格式合理，内容翔实的策划书
七、总结评价（5分钟）	课堂小结	1. 教师收集各组最终完成的策划书并小结打分 2. 学生与教师共同完成课堂评价表，对本课学习情况进行总结反思	学业评价表	对本课知识进行梳理总结，完成学业评价表，采用过程性评价，将学生课堂表现量化

续表

教学环节	教学内容	教师活动和学生活动	教学手段	设计意图
八、课后小试牛刀	综合应用	1. 课后，学生以电子演示文稿的形式对本课进行总结 2. 结合学院举办的“歌咏比赛”活动，完成活动策划 3. 将策划书上传智慧课堂 4. 教师根据学生完成情况打分	电脑、马克笔、大白纸	通过应用，让学生能够对本课学习情况形成总结报告；独立完成策划的撰写，强化本课内容的实际应用能力

六、学业评价

本课主要采用自我评价、组内互评、教师评价相结合的评价方法。评价内容以教学目标为依据，每位学生都有《学习任务完成情况评价表》。利用该评价表可在课堂中实现过程评价和总结评价相结合

1. 自我评价占30%，侧重于衡量学生知识能力的掌握情况
2. 教师评价占50%，从专业能力、方法能力和社会能力三方面综合评价学生在本课中的表现
3. 组内互评占20%，检测学生的预习情况

过程性评价表（师评）

教学环节		评价要点	第一组	第二组	第三组	第四组	第五组
课前动脑（25分）		能够说出事前、事中、事后分别需要用到哪种文本（5分）					
		能够通过课前教师上传的案例描述策划、备忘、总结的写作格式及写作要求，完成课前学习备忘笔记（正确、规范）（10分）					
		能够根据往年毕业典礼视频绘制思维导图（清晰、准确）（10分）					
策划写作（45分）	模板筛选（5分）	能够对课本上的策划大纲进行分析，列出适合自己的策划大纲模板（适合、规范）					
	构建“骨架”（10分）	能够按照大纲模板，结合思维导图，列出毕业典礼的策划大纲（结构完整）					
	策划写作（20分）	能够结合思维的导图，完成毕业典礼策划书写作（格式正确，内容翔实、合理）					

续表

续表

教学环节		评价要点	第一组	第二组	第三组	第四组	第五组
策划写作（45分）	小组展示（10分）	能够客观地指出各小组策划存在的问题并指出可改进的地方（问题准确，改进合理）					
课后延伸（20分）	总结报告（10分）	能够根据任务完成过程及课堂评价，进行总结反思，以电子演示文稿的形式完成总结					
	小试牛刀（10分）	能够结合学院举办的“歌咏比赛”活动，完成活动策划（独立完成，格式正确，条理清晰，详略得当，过程翔实）					
职业素养（10分）		具备团队合作能力，能够与小组成员和谐讨论；能够准确理解、流畅表达					

过程性评价（自评、组内互评）

教学环节		评价要点	5分	4分	3分	2分	1分
课前动脑（组内互评）		能够准备说出策划、备忘、总结的格式与要点并完成课前学习备忘笔记					
		能够按时查阅教师上传的资料与往年毕业典礼视频					
		能够独立绘制思维导图，思路清晰，内容全面					
策划写作	模板筛选	能够分析课本策划模版，完成下一步工作					
	构建“骨架”	能够根据大纲模板，结合思维导图，列出毕业典礼的策划大纲					
	策划写作	能够与小组成员共同完成毕业典礼策划书写作，掌握策划书格式，内容详尽					
	小组展示	能够判断各小组策划书存在的问题并知晓如何修改					

续表

续表

教学环节		评价要点	5分	4分	3分	2分	1分
课后延伸	小试牛刀	能够根据任务完成过程及课堂评价，进行总结反思，以电子演示文稿的形式完成对本次任务的总结					
		能够独立撰写红色歌咏合唱比赛活动策划书，思路清晰					
职业素养		具备较强团队合作能力，能够积极参与小组活动，并做出贡献					
		通过本课的学习，逻辑能力得到提升，做事更有条理					

训练二 资讯、声明与推介

教学设计 16

单位：四川矿产机电技师学院 作者：梁越月

模块名称	理解与表达	题目	第三课 训练二 资讯、声明与推介
课时	2 课时	教学对象	××级新生

一、学习目标

1. 能就需要广而告之的事项，按照事理进行有效说明
2. 能根据自身需要和受众心理，进行有效推介介绍
3. 能依据相关法律，就自己的立场、观点发表声明
4. 能针对人力市场需求，拟写有自身特色的求职信
5. 掌握表达基本方法，做到准确、简明、用语规范

二、学习内容

1. 训练提示：推介、声明、求职信的功能及学习这三种文体写作的意义
2. 题一至题四的训练

三、重点与难点

1. **重点**：掌握推介、声明与求职文体中按照事理进行有效说理的特点。之所以作为重点，主要像推介、声明、求职这类需要广而告之的事项，须按照事理进行有效说明。主要通过训练提示、训练题一、训练题三、总结评价这些教学环节来加强对事理和过程的理解

2. **难点**：熟练运用推介、声明与求职文体中按照事理进行有效说明的特点，进行写作、表达。之所以作为重点，主要是因为推介、声明与求职是每个人工作和生活中常常接触到的话题，运用较为广泛。主要通过情景模拟一、情景模拟二、头脑风暴等教学环节来提升自我的写作水平和表达能力

四、学习资源

1. 场地与设备：一体化教室，分组摆放的课桌椅、多媒体教学设备
2. 工具与材料：云班课、彩色纸、白板等
3. 教学材料：《理解与表达》教材、教学课件等

续表

五、教学实施过程				
教学环节	学生活动	教师活动	教学手段	教学方法
环节一 课前预习	1. 预习训练二推介、声明与求职的写作 2. 通过云班课反馈预习情况	1. 通过云班课发布预习内容，布置预习任务 2. 通过云班课检查学生预习情况	云班课	
环节二 训练提示 （5 分钟）	深度学习训练提示，理解推介、声明、求职按照事理进行说明的特点	引导学生对训练提示进行深入学习并归纳出三种文体的共性：按照事理进行有效说明	教学课件	讲授法
环节三 训练题一 （10 分钟）	1. 各小组在教师引导下完成《有奖贺年卡推介书》的文本思路 2. 小组讨论、完成文本思路，并取好小标题写在彩纸上（有奖贺年卡是什么、有奖贺年卡的作用、邮政贺年卡的优势、如何定制贺年卡）	1. 引导学生参照训练提示中的推介含义，从事理说明的顺序入手来解析文本思路 2. 请各小组就本文结构思路为每一步说理过程拟个小标题，并粘贴在白板上	教学课件 彩色纸	讲授法 讨论法 合作学习法
环节四 情景模拟一 （30 分钟）	1. 认真完成题二下的相关练习，为推介商品准备文案（按照产品性能、主要功用、使用方法及注意事项、产品的工作原理等）并上台展示 2. 掌声鼓励获奖小组上台领奖	1. 引导学生以题二为基础，开展模拟电视购物活动，要求每一小组紧紧围绕商品、推介的步骤上讲台来推介产品，并通过全班同学的举手投票来统计每个小组的得分情况 2. 根据投票情况选出最成功的推介商品，并颁发奖状	教学课件	合作学习法 情境教学法
环节五 训练题三 （10 分钟）	1. 聆听讲解 2. 各小组讨论后用事先准备好的彩纸写下杨绛先生的声明特点，粘贴在白板上，并明确《杨绛声明》在写作上按照事理进行说明，观点明确、态度鲜明，从而保护自己的合法权益	1. 引入导语：对杨绛先生的生平介绍 2. 要求学生完成《杨绛声明》中的第 2 题，并把贴到白板上的答案进行分类，引导学生归纳与总结	彩色纸	讨论法 讲授法

续表

教学环节	学生活动	教师活动	教学手段	教学方法
环节六 头脑风暴 （5分钟）	1. 各小组就问题展开讨论，并能有条理地发表自己的观点 2. 阅读达·芬奇《致米兰大公书》，列出这封求职信在写作上的特点，并写在彩色卡纸上	1. 教师提问：求职信怎样写才能得到青睐 2. 引导学生学习课件《致米兰大公书》并搜集彩色卡纸，明确： （1）分条理叙述符合职位的优势（按照顺序来行文） （2）介绍自己的长处，给应聘者留下深刻印象 （3）充满自信，态度不卑不亢		讲授法 小组合作法
环节七 情景模拟二 （25分钟）	1. 参照达·芬奇求职信的格式和特点，拟写一封求职信的提纲 2. 完成后向学院报社投递一封求职信展开模拟求职	1. 创设情境：假定学院的风帆报社要招聘3位摄影组成员，请每个同学写一封求职信 2. 根据投票选出最佳求职信，并推荐到学院报社	教学课件	情境教学法
环节八 总结评价 （5分钟）	聆听教师课堂总结	总结本次课堂学习内容和结果，强调“训练提示”的应用，总结出推介、声明与求职写作中的共同特点，评价各小组的课堂表现	教学课件	归纳法
环节九 课后作业 （通过云课堂发布）	明确课后任务要求	布置课后作业题五中的第3题（根据所学专业，从互联网收集相关企业招聘信息，就其中心仪的企业进行深入研究，参照上述文本拟写一份定向求职信）	云班课	
六、学业评价				
1. 教师评价，教师根据每个小组的课堂表现，给出成绩，按50%的权重折算出分数 2. 小组互评，由小组成员之间完成互评表，给出分数，按30%的权重折算出分数 3. 自我评价，由小组成员根据自我评价表，给出分数，按20%的权重折算出分数				

教学设计 17

单位：四川矿产机电技师学院　　作者：梁越月

模块名称	理解与表达	题目	第三课　训练二　资讯、声明与推介
课时	2 课时	教学对象	××级新生

一、学习目标

1. 能合理选择、准确提炼、记述对自己和他人有用的信息
2. 能整理、编辑、归类保存对自己有现实或潜在价值的信息
3. 能概述要点：对特定的人、事、物进行简要介绍和记录
4. 能应用自媒体，针对特定公众，拟写、编辑、发布信息
5. 能将自己的思想成果及行为过程梳理清楚并提炼主题，准确表达

二、学习内容

1. 训练提示：资讯、纪要与推文的功能，以及学习写作这三种文体的意义
2. 题一至题四的训练

三、重点与难点

1. **重点**：能应用自媒体，针对特定公众，拟写、编辑、发布信息。之所以作为重点，是因为在日常的工作、学习中，我们都需要资讯，并需要对一些事项进行要点整理、记录，本课通过“训练提示”“训练题一”“强化训练”等教学环节来提高学生进行要点记录的能力

2. **难点**：能将自己的思想成果或行为过程梳理清楚并提炼主题，准确表达。主题是文字表达的前提，也是思维的结果。本次课主要通过“训练提示”“制作推送”“课堂总结”等环节训练学生，使其能更加有逻辑地记录事项

四、学习资源

1. 场地与设备：一体化教室，分组摆放的课桌椅、多媒体教学设备
2. 工具与材料：手机、A4 纸、白板等
3. 教学材料：《理解与表达》教材、教学课件等

五、教学实施过程

教学环节	学生活动	教师活动	教学手段	教学方法
环节一 课前预习	1. 对将要学习的内容进行预习 2. 事先收集新中国成立以来著名劳动模范和新时代大国工匠的相关事迹材料为微信推送做准备	发布预习任务、准备微信推送资料	微信群 手机	
环节二 训练提示 （10 分钟）	深度理解并学习训练提示的内容，抓住训练提示中的关键词	引导学生对训练提示进行深度学习	教学课件	讲授法

续表

教学环节	学生活动	教师活动	教学手段	教学方法
环节三 训练题一 （20 分钟）	1. 阅读题一《林青生平简介》 2. 各小组同学讨论简介的文本特点 3. 结合课件，明确简介的写作特点 4. 阅读爱迪生生平资料，拟一份生平简介的提纲	1. 引导学生阅读题一“林青生平简介” 2. 组织各小组学生讨论简介特点 3. 在教学课件上列出“林青生平简介”的特点 4. 要求学生阅读爱迪生生平资料，为其拟一份生平简介的提纲（列出要点即可）	教学课件	讲授法 启发法
环节四 强化训练 （20 分钟）	1. 各小组在完成题一的基础上自主分析题二、题三的文本特点，试着用关系结构图来进行展示 2. 将答案写在 A4 纸上，并粘到白板上 3. 对照教学课件，强化对文本特点的理解	1. 要求学生在题一的基础上自主分析题二、题三的文本特点，并用关系结构图来展示（附件） 2. 将白板上的答案进行总结归纳 3. 展示教学课件中各文本的写作要点结构图，强化学生的学习效果	教学课件 A4 纸	自主学习法
环节五 制作推送 （35 分钟）	1. 各小组在微信平台上注册订阅号 2. 在收集相关资料后，讨论确定主题 3. 在微信平台上进行文案编辑和排版 4. 推送微信，并聆听教师点评	1. 给出命题：从互联网上收集新中国成立以来著名劳动模范和新时代大国工匠的相关事迹材料，做一期微信推送（需涉及 5 人，字数在 1 000 字左右） 2. 要求给微信推送确定一个主题 3. 巡视并指导 4. 点评各小组微信推送的质量（是否依据要点叙述、是否有明确主题）	教学课件 微信 手机	小组合作法
环节六 课堂总结 （5 分钟）	聆听教师总结和点评	强调训练提示在各教学环节中的运用，总结并归纳本课的知识要点		讲授法
环节七 课后作业 （通过微信群发布）	明确课后任务及要求	完成教材自我测试后的题一、题二、题三、题四	微信群 手机	任务驱动法

续表

六、学业评价
1. 教师评价，教师根据每个小组的课堂表现，给出成绩，按 50%的权重折算出分数 2. 小组互评，由小组成员之间完成互评表，给出分数，按 30%的权重折算出分数 3. 自我评价，由小组成员根据自我评价表，给出分数，按 20%的权重折算出分数

附件

题三《标的上市公司调研纪要》、题四《合资开发家用机器人项目会谈备忘录》关系结构图如下。

- 纪要特点
  - 调查对象
  - 核心要点概述
    - 2018年业绩展望
    - 土壤修复业务
    - 危废业务
    - 垃圾焚烧业务
    - 传统填埋场和防渗业务
    - 可转债进程
    - 财务费用
    - 股权激励
  - 总分结构
  - 内容客观
- 备忘录
  - 如实记录
  - 分条记录核心会谈事项
    - 双方将进一步协商
    - 利益的分配原则
    - 合资项目生产销售产量
    - 双方就某些问题达成一致
    - 合作意愿

第四课　观点与论述

翻转课堂、知识与方法、示例

教学设计 18

单位：福州第一技师学院　　　　作者：张雄

<table>
<tr><td>模块名称</td><td>理解与表达</td><td>题目</td><td>第四课　翻转课堂、知识与方法、示例</td></tr>
<tr><td>课时</td><td>2 课时</td><td>教学对象</td><td>××级新生</td></tr>
<tr><td colspan="4">一、学习目标</td></tr>
<tr><td colspan="4">1. 能够基于一定立场和标准，就某一事实、现象等提出自己的见解，并进行具有逻辑性和说服力的简要阐述
2. 能够借助“观点+理由”的模式，以议论为主要表达方式，将工作、生活中所需相关文字材料准确、规范地写出来
3. 能够按照“立意—构思—写作—修改—应用”的流程，练习相关文种写作，并达到熟练掌握、规范应用的程度</td></tr>
<tr><td colspan="4">二、学习内容</td></tr>
<tr><td colspan="4">1. 翻转课堂
2. 知识与方法
3. 示例：《触龙说赵太后》</td></tr>
<tr><td colspan="4">三、重点与难点</td></tr>
<tr><td colspan="4">1. 重点：能够就某一事实、现象等提出自己的观点或见解。之所以作为重点，主要是因为观点或见解是议论文体的灵魂，起到提纲挈领的作用，关系到学生的观点或见解能否得到他人的认可，是写作的终极目标。主要通过“翻转课堂”“知识与方法”及“示例”等环节的教学，让学生学会如何提出自己的观点或见解
2. 难点：准确地把观点或见解表达出来。之所以作为难点，是因为能否准确把观点或见解表达出来，取决于学生现有的表达能力，需要教师加以适当引导才能解决。主要通过“翻转课堂”“示例”“学以致用”“课堂小测”等环节的教学，让学生在方法的应用中，提升方法能力</td></tr>
</table>

续表

四、学习资源				
1. 场地与设备：一体化教室，分组摆放的课桌椅、多媒体教学设备 2. 工具与材料：A4 纸、手机、彩色卡纸和白板等 3. 教学材料：《理解与表达》教材、教学课件等				
五、教学实施过程				
教学环节	学生活动	教师活动	教学手段	教学方法
环节一 课前预习	1. 预习课文 预习第四课《观点与论述》文本 2. 在班级微信群回复预习情况	1. 通过班级微信群发布预习内容，布置预习任务 2. 通过班级微信群检查学生预习情况	班级微信群 手机	
环节二 翻转课堂 （15 分钟）	1. 个人自主完成“翻转课堂”：你会让哪 4 位旅游者登机离开？请说明理由 2. 分小组，逐题讨论答案，并以小组为单位汇报结果	1. 检查各组预习情况 2. 就“翻转课堂”学生答题情况进行巡视点评	教学课件	讨论法
环节三 示例引导 （20 分钟）	1. 深度学习《知识与方法》文本 2. 回答教师相关问题	1. 指导学生深度理解“知识与方法” 2. 以“示例”《触龙说赵太后》为例，启发学生对文本进行正确解读，自主得出结论	教学课件	启发法
环节四 学以致用 （30 分钟）	1. 个人自主完成作业“翻转课堂”测试题 2. 分小组，逐题讨论作业答案 3. 展示学习成果	1. 检查巡视各组学习讨论情况，回答学生提问 2. 听取各组学习情况汇报 3. 检查和归纳习题答案	教学课件 A4 纸 彩色卡纸 白板	启发法
环节五 课堂小测 （10 分钟）	独立完成下列课堂测试： 各组自选以下其中一个话题进行讨论 1. 愚公是移山好，还是搬家好？ 2. 在技术学习上，是知识更加重要，还是技能更加重要？ 3. 学校放开外卖好呢，还是禁止外卖好呢？	1. 组织测试，检查学生“一课一得”情况 2. 讲解答案，巩固学生学习成果	教学课件	诊断法

续表

教学环节	学生活动	教师活动	教学手段	教学方法
环节六 总结评价 （10分钟）	聆听教师课堂总结	1. 总结本次课堂学习内容和结果，强调本课“训练提示”的应用 2. 点评学生学习表现，评出最佳学习小组	教学课件	讲授法
环节七 布置作业 （5分钟）	明确课后任务要求	1. 布置课后作业（《西游记》中唐僧师徒四人，你最喜欢谁，为什么？请提供不少于300字的理由） 2. 布置课后预习内容和要求（预习完成训练一题三《小区宠物狗管理建议书》）	教学课件	任务驱动法

六、学业评价

1. 根据课题测试结果，按80%权重折算成分数

2. 根据各小组整体表现，由教师给出小组成绩，再由各小组给出个人成绩，按20%权重折算成分数

七、教学反思

教学结束后反思得失，提出教学策略、方法与手段的改进方向和措施

训练一　诉求、建议与评论

教学设计 19

单位：晋城技师学院　　作者：刘佳

<table>
<tr><td>模块名称</td><td>理解与表达</td><td>题目</td><td>第四课　训练一　诉求、建议与评论</td></tr>
<tr><td>课时</td><td>2 课时</td><td>教学对象</td><td>幼儿教育专业初中起点
三年制中级工一年级学生</td></tr>
<tr><td colspan="4">一、学习目标</td></tr>
<tr><td colspan="4">（一）课前目标
1. 能通过学习通平台接受教师发布的课前任务，提前预习训练一诉求、建议与评论的训练提示，让学生初步理解三者虽然文本形式不同、用途各异，但共性都是“观点+理由”
2. 能说出建议的内涵，知晓倡议是一种提出建议的文体
（二）课中目标
1. 能说出倡议的含义，知晓它是说理方式的一种
2. 能根据任务要求，参考例文逻辑、运用说理模式，拟出写作大纲
3. 能够就小组更好地完成学习任务提出建议，对教师给予本组学习支持提出诉求，对他组的学习成果进行评论，并做到实事求是、以理服人
（三）课后目标
学会举一反三，能利用“观点+理由”的说理模式，评论幼教领域的模范人物事迹，提升综合职业能力</td></tr>
<tr><td colspan="4">二、学习内容</td></tr>
<tr><td colspan="4">（一）训练提示
1. 理解建议的内涵，了解倡议是一种提出建议的文体
2. 理解倡议的含义
3. 掌握“说理 = 观点+理由”的说理模式
（二）论证方式及使用
1. 掌握常用论证方式
2. 熟悉倡议书的写作特点
（三）训练题三
基于《“光盘行动”倡议书》进行学习</td></tr>
</table>

续表

<table>
<tr><td colspan="4">三、重难点分析</td></tr>
<tr><td colspan="2">重点</td><td colspan="2">难点</td></tr>
<tr><td>重点内容</td><td>“说理 =观点+理由”的说理模式</td><td>难点内容</td><td>实际应用“观点+理由”的说理模式</td></tr>
<tr><td>突破方法</td><td>（一）任务结合专业，引出主题
通过实事热点引入任务，既结合专业，也能引起学生的关注
（二）阅读历史故事，产生共鸣
用引人入胜的历史故事，让学生深入感受说理时不仅要表明自己的观点，还要说明能够支撑观点的理由；结合问题引导，明白“说理=观点+理由”的模式；通过回忆论证方法的使用，感受观点和理由之间的支撑关系，学会用合适的论证方法来证明观点，以理服人
（三）深度学习，写作运用
通过题三的学习，感受倡议书中列出观点、分析原因（运用相关论证方法）、提出倡议、发出号召的写作特点；通过写作倡议书加深对“说理=观点+理由”模式的理解
（四）贯穿始末，加深理解
通过贯穿整节课的讲解、练习以及学生活动来强化学生的认识和对重点的把握，突破本课的重点，提升学生的思维水平</td><td>突破方法</td><td>（一）模拟写作，即学即用
通过完成本课模拟倡议书写作的任务，可以帮助学生深入理解说理方法，学会应用说理模式，有效化解难点
（二）任务选取，贴近专业
为了更贴近专业和学生实际，让其更容易掌握和理解，本课根据幼儿园真实的工作要求，设置完成《培养孩子自理能力倡议书》的任务。通过任务驱动，将通用职业素质和专业结合起来，激发学生主动性，使其自主查阅资料、开展小组讨论，制订完成任务的计划并付诸实施，自觉将训练提示和练习题中的理论知识转化为实际应用
（三）课后拓展，综合应用
完成写评论的课后作业，要求学生根据题四的相关要求自己查阅总结。这一过程在检验本课学习效果的同时，又一次对“观点+理由”的说理模式进行训练，可以继续将学习效果向课下延伸</td></tr>
<tr><td colspan="4">四、学习资源</td></tr>
<tr><td colspan="4">（一）学习环境</td></tr>
<tr><td colspan="4">依据课堂教学组织形式，结合实际教学要求，学生在教室内进行学习。教室内设置教学示范区、分组学习区和小组展示区</td></tr>
<tr><td colspan="4">（二）软件资源</td></tr>
<tr><td colspan="4">教学课件、各种学习资料、工作页、学习通平台、微信群、各种评价用表</td></tr>
<tr><td colspan="4">（三）硬件资源</td></tr>
<tr><td colspan="4">《理解与表达（修订版）》课本、教学一体机、手机（供查阅资料）、白板、彩色卡纸、彩笔、磁扣等</td></tr>
</table>

续表

五、教学实施过程

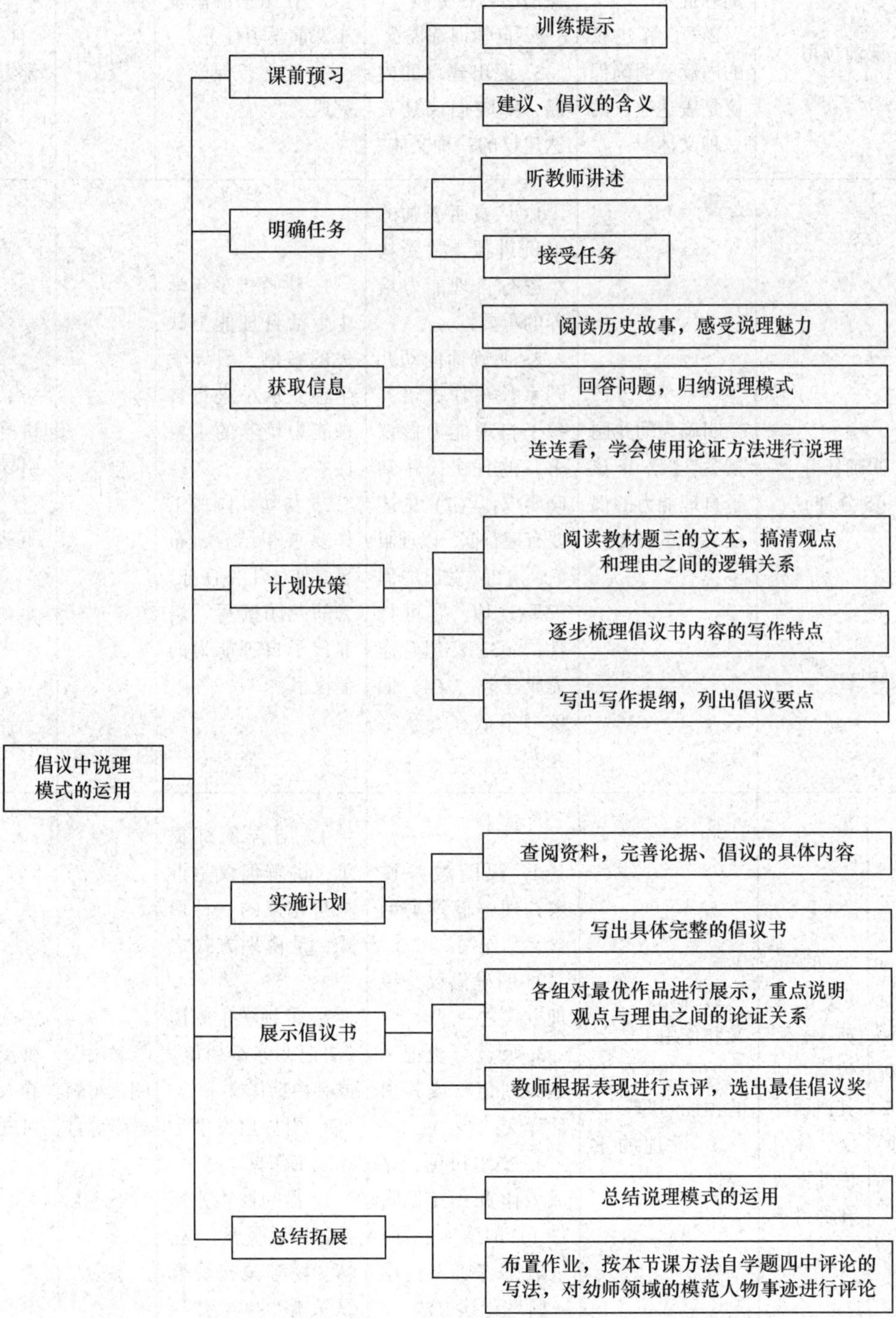
倡议中说理模式的运用
课前预习
训练提示
建议、倡议的含义
明确任务
听教师讲述
接受任务
获取信息
阅读历史故事，感受说理魅力
回答问题，归纳说理模式
连连看，学会使用论证方法进行说理
计划决策
阅读教材题三的文本，搞清观点和理由之间的逻辑关系
逐步梳理倡议书内容的写作特点
写出写作提纲，列出倡议要点
实施计划
查阅资料，完善论据、倡议的具体内容
写出具体完整的倡议书
展示倡议书
各组对最优作品进行展示，重点说明观点与理由之间的论证关系
教师根据表现进行点评，选出最佳倡议奖
总结拓展
总结说理模式的运用
布置作业，按本节课方法自学题四中评论的写法，对幼师领域的模范人物事迹进行评论

续表

教学环节	教学内容	学生活动	教师活动	教学手段	教学方法
课前预习	1. 教材上的训练提示 2. 了解建议的内涵，明确倡议是表达建议的一种文体	1. 在微信群接收课前学习任务 2. 自学训练提示 3. 说出建议的内涵，知晓倡议是表达建议的一种文体	1. 在微信群里发布课前学习任务 2. 线上督促学生完成	微信群	自主学习法
明确任务（5 分钟）	明确为幼儿园撰写《培养孩子自理能力的倡议书》的任务	1. 认真听教师的案例讲授，感受从小进行自理能力培养的重要性 2. 明确面向幼儿园家长写作《培养孩子自理能力倡议书》的任务，并知晓要求：（1）论述要有理有据，以理服人；（2）发出的倡议要具体、有可行性；（3）小组合作完成任务；（4）倡议书字数在 500 字左右	1. 讲授青少年学生生活自理能力缺失的案例，引导学生感受从小进行自理能力培养的重要性 2. 与幼儿园的工作要求相结合，布置真实的工作任务，为幼儿园撰写《培养孩子自理能力的倡议书》	课件	讲授法 引导法 任务驱动法
获取信息（15 分钟） 阅读《史记·苏秦列传》或其白话译文，体悟说理方式和魅力	1. 倡议的含义和作用 2. 工作页上的预设问题 3. 说理的重要性	1. 跟随教师讲解，理解倡议书的含义和作用 2. 明确倡议是说理方式之一 3. 阅读《史记·苏秦列传》或其白话译文 4. 小组讨论，完成工作页一（见附件 1）的第 1 小题 5. 思考苏秦使用了哪些论述方法	1. 结合训练提示，讲解倡议是诉求与建议的一种形式，是说理方式之一 2. 带领学生阅读《史记·苏秦列传》或其白话译文 3. 引导启发学生完成工作页 4. 提问："苏秦是怎样说服燕、赵、韩、魏等国接受合纵策略的?" 引导学生回答	教材 阅读材料 教学课件	讲授法 导入法 启发法

续表

教学环节		教学内容	学生活动	教师活动	教学手段	教学方法
获取信息（15分钟）	思考问题，归纳说理模式	“说理=观点+理由”模式	根据工作页一的第2题，通过小组讨论、在教师的帮助下，总结 “说理=观点+理由”的模式，通过完成工作页一的第3小题，明确理由对观点的支撑作用	利用苏秦合纵的历史故事和工作页帮助学生总结“说理=观点+理由”的模式；引导学生完成工作页一的第3小题，感受对理由和观点的支撑作用	工作页 教学课件	总结 归纳法 练习法
	连连看，运用论证方法	理由、观点之间的支撑关系，论证方法之间的关系，事实论证、理论论证、比喻论证、对比论证、因果论证的含义	1. 完成工作页一的第4小题，总结论证方法的种类 2. 通过完成连连看，重温各种论证方法的正确使用	1. 引导学生理解要想充分论证观点就必须使用正确的论证方法 2. 带领学生总结论证方法的种类，将前面所学知识和本节课的知识紧密联系 3. 设置有针对性的习题，引导学生完成“连连看”训练，复习各种论证方法的使用和作用，强化学生用事实和理论来支持自己观点的意识和能力	练习题	练习法
计划决策（20分钟）		倡议书的写作要求： 观点+理由+倡议内容+号召	1. 仔细阅读题三的倡议书，小组合作探究回答工作页二（见附件2）的第1至第3小题： （1）作者的观点是什么？ （2）作者是用什么论述方法阐述理由的？	1. 引导学生认真阅读教材题三的“光盘行动”倡议书并完成工作页二的第1至第3小题： （1）引导学生从倡议书标题中找到作者观点	教材 工作页 教学 课件	练习法

续表

教学环节	教学内容	学生活动	教师活动	教学手段	教学方法
计划决策（20 分钟）	倡议要明确且对问题的解决具有针对性、可操作性和效果的预估性	（3）在摆出观点和理由之后，下一部分写了什么？最后提出了什么号召？ 2. 在前三个小题的基础上，小组进行讨论，总结倡议书的写作特点。最终得出倡议书的写作格式和特点： （1）观点+理由+倡议内容+号召 （2）倡议要明确、具体、可操作，效果应可预估 3. 小组根据写作特点列出《培养孩子自理能力倡议书》的写作提纲，分条列出倡议，经教师和小组成员共同审定后，以思维导图形式写在卡片纸上进行展示	（2）引导学生理解作者在开头就开门见山地写明提倡光盘行动的原因。引导学生了解此处运用了事实论证和理论论证 （3）帮助学生明确：倡议最好要针对问题分条列出，倡议书最后要发出希望与号召 2. 提示学生：重点就内容安排进行思考。本节课重点在说理模式的运用，而非格式。巡回指导，帮助学生对倡议书的写作特点进行总结和归纳 3. 强调倡议要明确、具体、可操作，效果应可评估 4. 引导学生运用教材中有关建议、诉求、评论的知识和方法，讨论、审定提纲	教学一体机 教学课件 卡片纸	小组讨论法 合作探究法
实施计划（20 分钟）	倡议书的内容：观点（倡议书标题）+理由（倡议的背景、目的和意义，此处重点说明使用的论证方法）+倡议的具体内容+希望号召	小组内每名学生根据思维导图上的写作提纲，通过查阅资料等方式充实具体内容，按照“观点（可以包含在倡议书标题里）+理由（突出论证方式）+倡议的具体内容+希望号召”的结构完成倡议书的写作过程	在学生实施计划的过程中，进行巡回指导，重点帮助学生选取合适的论证方法，做到理由充分、以理服人	手机	讲授+点拨 模拟写作

续表

教学环节	教学内容	学生活动	教师活动	教学手段	教学方法
展示倡议书 （20分钟）		各小组选出最优的倡议书进行展示，并说明倡议书的撰写思路，以及运用了哪些论证方法。小组间互相学习，取长补短	根据各组作品和展示，结合过程性学习评价表，重点从说理模式的运用这个角度进行点评。肯定优点、指出不足。评出最佳倡议奖	彩笔 白板 卡片纸	展示法
总结拓展 （10分钟）	说理＝观点＋理由	1. 回顾本课内容 2. 记录课后作业 3. 加深对说理魅力的认可	1. 引导学生通过出示关键词方式，总结说理在倡议书中的运用 2. 引导学生借助互联网搜集幼教领域的模范人物事迹，感悟他们把爱献给孩子，把责任担在肩头的精神品质。要求学生根据本课的学习方法，课后自学教材中题四文本的评论方式，对以上人物事迹进行评论，上传至学习通。注意理由要充分支撑观点 3. 引导学生观看互联网上的辩论赛视频，深入理解说理模式的作用	教学课件	讲授法 练习法

六、学业评价

本课采用授课教师过程性评价占60%（见附件3）、学生自评占30%（见附件4）、学生互评占10%（见附件4）的评价方式，使学业评价全方位、全过程、多元化

教师过程性评价主要以学习目标为依据，侧重各小组在各个环节的表现

个人自评侧重对掌握知识点情况的评价

组内互评由小组长根据组员的组内贡献进行打分，激励组内每位成员积极参与小组活动

教师根据本课综合表现，排出各小组名次，并根据倡议书的完成情况，选出最佳倡议奖

附件 1

工作页一

（本工作页供获取信息环节使用）

1. 阅读《史记 · 苏秦列传》或其白话翻译，思考：苏秦是用什么理由说服燕、赵、韩、魏等国接受合纵策略的。

2. 说理模式：说理＝________________+________________。

3. 为论证“学贵有恒”这个论点，以下哪些可以作为论据？

A. 李白之所以成为诗仙，不仅是因为他天资聪明，更重要的是“铁杵磨针”的故事启发了他。

B. 鲁迅少年求学时在书桌刻“早”字勉励自己。

C. 马克思的才能是惊人的，这是因为他在学习上有持久精神和坚忍的品性。他认为：“在科学上没有平坦的大道，只有不畏劳苦沿着陡峭山路攀登……”

4. 常见的论证方法有哪几种？

附件 2

工作页二

（本工作页供计划决策环节使用）

题三：

“光盘行动”倡议书

亲爱的同学们：

勤俭节约历来便是中华民族的传统美德。然而，随着我国人民物质生活水平的不断提高，饭桌上的浪费现象却越来越严重了。据中国社科院统计，我国每年浪费的食物总量约 500 亿公斤，都换算成粮食则接近全国粮食总产量的十分之一。换一个说法，我国每年最少浪费约 2 亿人一年所需食物。另一组触目惊心的数据是：世界上平均每 6 秒钟就有 1 名儿童因饥饿死亡，平均每年被饥饿夺去生命的人就有 1 000 多万个。由此可见，节约不仅仅是一种美德，更是人类与自然和谐共存的必然要求。随着全国各大主流媒体对“舌尖上的浪费”大加挞伐，以及“餐费是你自己的，资源属于全社会”理念的日益普及，将盘中餐吃光、喝净、带走的“光盘行动”得到了公众、餐饮业经营者、公益组织的热烈响应。作为当代大学生的我们，更责无旁贷。为此，特向同学们倡议：

一、一粥一饭当思来之不易，半丝半缕恒念物力维艰。青年朋友要从点滴做起，从餐饮开始，将口号变为行动，将行动化为习惯，无论是在家里还是在公共场所，都要适度消费、节约用餐，避免剩菜剩饭。

二、节俭用餐，吃多少点多少，不够再添加；吃光碗里的最后一粒米、盘中的最后一片菜。

三、以“光盘”为荣，“剩宴”为耻。就餐点菜时，适度适量，吃饱为好，实在吃不了，记得打包带走。

四、既要做“光盘行动”的实践者，也要做“光盘行动”的推动者。提醒身边的同学和朋友，制止任何浪费食物的现象，做节约的宣传员，向家人、亲戚、朋友宣传节约粮食。

同学们：加入“光盘族”吧。从今天开始：吃多少，要多少；吃不了，兜着走！勤俭是一种健康的生活态度，简约是一种崇高的审美趣味；节约资源就是保护环境、反对浪费就是尊重自然。让我们立足盘中一粒米，胸怀天下地球村。从此刻做起——

在“光盘”中吃出和谐，吃出健康，吃出一个美好的未来！

校学生会

××××年×月×日

请思考后回答问题：

1. 作者的观点是什么？

2. 作者采用了什么论证方法？试着举例说明。

3. 作者在摆出观点和理由之后，又写了什么？最后提出了什么号召？

4. 以小组为单位，思考培养孩子生活自理能力的倡议书结构，在卡片纸上画成思维导图，重点说清在论述部分计划采用怎样的论证方法（至少两种）、具体的倡议有几条。

附件 3

过程性学习评价表（师评用表）

教学环节	评价要点	第一组	第二组	第三组	第四组
明确任务（5 分）	认真观看，接受任务				
获取信息（10 分）	能通过阅读历史故事、完成工作页以及小组讨论归纳说理的模式、掌握论证方法				
计划决策（20 分）	1. 能参照题三倡议书内容、根据工作页问题的引导和查阅资料得到倡议书的写作特点，特别是说清如何论证观点 2. 能按照计划绘制倡议书写作的思维导图（提纲） （写明相关倡议的具体做法）				
实施计划（20 分）	能按照所列提纲，撰写倡议书 要求逻辑清楚，语言通顺，理由充分，论证方法正确，所提倡议针对性和可操作性强				
倡议书展示（30 分） 小组内选出最好的倡议书，派代表进行展示，重点说清背景、问题、所提倡议，以及它们之间的关系	思路清晰，理由充分（10 分）				
	倡议具体、操作性强（10 分）				
	沉稳大方，表达流畅（10 分）				
职业素养（15 分）	理解与表达能力（10 分）				
	交往与合作能力（5 分）				
合计					

附件 4

学生自评、互评用表

课程内容：第四课　训练一　建议、倡议中说理模式的运用

班级：________________　姓名：________________

组名：________________　组长：________________

1. 本节课习题完成情况。（打分题　请填 1~5 数字打分　＊必答）

➢ 工作页一相关习题完成情况　打分________

➢ 工作页二相关习题完成情况　打分________

➢ 倡议书提出的问题与倡议之间是否有针对性、可操作性　打分________

2. 本课你是否掌握了“说理＝观点+理由”的说理模式。

A. 熟练掌握并会应用　B. 掌握但离运用还有一些差距

C. 没有掌握

3. 能否在教师引导下思考完成习题（　　）。（单选题　＊必答）

A. 独立思考完成　B. 与他人讨论完成

C. 在老师指导下完成　D. 没有完全完成

组长评价
选项________

4. 小组讨论环节是否发言（　　）。（单选题　＊必答）

A. 主动发言　B. 被要求发言

C. 没机会发言　D. 不敢发言

组长评价
选项________

5. 完成小组分工任务情况（　　）。（单选题　＊必答）

A. 能独立完成组内分工任务

B. 在组员协助下完成分工任务

C. 组员替我完成分工任务

D. 不知如何完成分工任务

组长评价
选项________

6. 综合素养情况。（打分题　请填 1~5 数字打分　＊必答）

明白了以理服人的道理，能够正确表达自己。　打分________

有无自觉遵守 7S 管理，使用物品后收拾放置整齐。　打分________

7. 本节课综合表现。（打分题　请填 1~5 数字打分　＊必答）

组长评价
打分________

训练二　随笔、演讲与辩论

教学设计 20

单位：东莞市技师学院　　作者：蒙霖

模块名称	理解与表达	题目	第四课　训练二　随笔、演讲与辩论
课时	2 课时	教学对象	××级新生

一、学习目标

1. 能够基于一定立场和标准，就某一事实、现象等提出自己的见解，并进行具有逻辑性和说服力的简要阐述
2. 能够借助“观点+理由”的模式，以议论为主要表达方式，将工作、生活中所需相关文字材料准确、规范地写出来
3. 能够按照“立意—构思—写作—修改—应用”的流程，练习相关文种写作并达到熟练掌握、规范应用的程度

二、学习内容

1. 随笔与评论的功能，以及学习写作这两种文体的意义
2. 随笔与评论的写作特点
3. 模仿范例文本的结构和写法撰写随笔或评论

三、重点与难点

1. **重点：**能够分析文本结构和写法上的基本特点。培养学生厘清文本的结构和表达特点，为自己拟写相关随笔进行知识准备的能力。通过“示例引导”“课堂练习”及“素材讨论”等教学环节，引导学生学会“叙事+观点+理由”的说理模式，合理提出自己的观点和见解
2. **难点：**以随笔或评论的形式准确地把观点或见解表达出来。随笔或评论需要学生有一双发现问题的眼睛和具有逻辑性的表达思维，这些需要教师引导并加以日常训练。在课堂上主要通过“示例引导”“课堂练习”“素材讨论”等环节的训练，让学生形成一定的逻辑表达能力

四、学习资源

1. 场地与设备：一体化教室，分组摆放的课桌椅、多媒体教学设备
2. 工具与材料：雨课堂、A4 纸、手机、彩色卡纸和白板等
3. 教学材料：《理解与表达》教材、教学课件等

续表

五、教学实施过程				
教学环节	学生活动	教师活动	教学手段	教学方法
环节一 课前任务	1. 预习课文。预习第四课训练二中的训练提示文本，在雨课堂小程序中完成问题(什么是随笔/什么是评论) 2. 收集素材。根据对随笔与评论的理解，自行从网上或书上找一篇随笔或评论上传至雨课堂	1. 通过雨课堂发布预习内容，布置预习任务（了解什么是随笔和评论），及时检查学生的完成情况 2. 通过收集的素材检查学生对随笔与评论的理解，同时为自己拟写有关文字提供知识准备。教师提示学生可以找新闻时事、故事趣闻、生活琐事、电影电视等方面素材	雨课堂	
环节二 视频导入 （10 分钟）	观看一段视频，发表观后感	1. 播放视频，引导学生开展头脑风暴，说出自己的感想 2. 总结引出本课学习内容：随笔与评论	视频	
环节三 示例引导 （20 分钟）	学习课本“训练提示”，回答教师相关问题，在教师的引导下自主得出结论	1. 根据预习存在的问题，指导学生理解随笔与评论的概念，注意写随笔与评论时应注意的问题 2. 将题三的三个哲学故事的叙事部分和议论部分拆开打散在课件中展示出来，让学生完成对应关系连线。引导学生学习“观点+理由”的说理模式 3. 以题一为例，启发学生厘清文本的结构和表达特点，为自己拟写有关文字提供知识准备	教学课件 课本	讲授法 启发法
环节四 课堂练习 （35 分钟）	个人自主完成“课堂练习”题二、题四、题五，分小组讨论答案，展示学习成果	检查巡视各组学习讨论情况，回答学生提问，听取各组学习情况汇报，检查和归纳习题答案	教学课件 课本 A4 纸 彩色卡纸 白板	练习法

续表

教学环节	学生活动	教师活动	教学手段	教学方法
环节五 素材讨论 （15分钟）	小组查看雨课堂中课前在网上搜集的素材，从中抽取一个素材讨论并分享 要求：就本课学的随笔、评论的写作结构与特点进行讨论分享	1. 组织小组讨论，检查学生学习情况 2. 启发学生用“我最近看见一条令我震撼的新闻……”“我听说……”等句式作为起始，展开讨论 3. 如果学生无法自行确定素材，播放最近的新闻视频，让小组展开讨论	雨课堂	诊断法
环节六 课堂总结 （5分钟）	聆听教师课堂总结	1. 总结本次课堂学习内容和结果 2. 点评学生学习表现	教学课件	讲授法
环节七 布置作业 （5分钟）	明确课后作业	布置课后作业：参照本课学习的文本的写法，选择一则感兴趣的时事或新闻，写一篇评论，不少于300字	教学课件 课本	

六、学业评价

1. 根据测试结果，按80%权重折算成分数
2. 根据各小组整体表现，由教师给出小组成绩，按20%权重折算成分数

七、教学反思

教学结束后反思得失，提出教学策略、方法与手段的改进方向和措施

教学设计 21

单位：贵州省电子信息高级技工学校　　作者：陆东

模块名称	理解与表达	题目	第四课　训练三　随笔、演讲与辩论
课时	2 课时	教学对象	××级新生

一、学习目标

1. 理解演讲和辩论的定义
2. 理解演讲者与听众的关系，理解演讲稿语言组织和结构方面的特点
3. 掌握辩论的三要素，了解辩论的注意事项
4. 具有写演讲稿的能力
5. 具有即兴发言的心理能力、思维能力、语言组织能力、现场表达能力
6. 具有立论、驳论并进行观点交锋的能力，以及进行有效人际沟通的意识和能力

二、学习内容

1. 训练提示：演讲和辩论的特点、功能，以及学习这两种表达形式的意义
2. 题目一、题目二、题目五的训练

三、重点与难点

重点：

1. 演讲的定义，演讲与听众的关系，演讲在语言组织和结构方面的特点。之所以作为教学重点，这些都是演讲的基础。学好上述知识点，可以帮助学生写出好的演讲稿。上述重点主要通过讲解“训练提示”的知识点和做训练题突破

2. 辩论的定义、注意事项。理解辩论的定义能使学生领会辩论的意义，了解辩论的注意事项可使学生掌握辩论的技巧，从而真正辨明是非曲直、优劣正误。此重点主要通过讲解“训练提示”的知识点和做训练题突破

难点：

1. 拟写演讲稿。之所以作为教学难点，是因为学生的写作基础水平往往不足。此难点主要通过引导学生研究训练题的文本化解

2. 在辩论中抓住辩论的三要素，形成立论、驳论并进行观点交锋的能力。之所以作为教学难点，是因为辩论的三要素是辩论的根本，抓住了三要素才能与对方进行思想交锋。此难点主要通过讲解“训练提示”的知识点和做训练题化解

四、学习资源

1. 场地与设备：一体化教室，分组摆放的课桌椅、多媒体教学设备
2. 工具与材料：A4 纸、手机、彩色卡纸、白板等
3. 教学材料：《理解与表达》教材、教学课件、教案等

续表

五、教学实施过程				
教学环节（时间）	学生活动	教师活动	教学手段	教学方法
环节一 课前预习	预习课文。预习训练三中的“训练提示”，以及题目一、题目二、题目五	1. 通过“云班课”发布预习内容，布置预习任务 2. 在“云班课”中检查学生预习情况	学习软件	
环节二 学习“训练提示” （10 分钟）	1. 深度学习“训练提示”中关于演讲的相关知识点 2. 回答教师相关问题	1. 教师讲解训练提示的知识点 2. 启发引导学生回答所提问题	教学课件	讲授法 启发法
环节三 完成题目一 （15 分钟）	1. 学生自主完成题目一 2. 回答教师提出的相关问题	1. 巡视学生做题情况，对学生在做题中遇到的问题进行答疑 2. 检查学生做题情况，启发引导学生得出答案	教学课件	提问法 启发法
环节四 完成题目二 （20 分钟）	1. 学生自主完成题目二 2. 回答教师提出的相关问题	1. 巡视学生做题情况，对学生在做题中遇到的问题进行答疑 2. 检查学生做题情况，启发引导学生得出答案	教学课件	提问法 启发法
环节五 总结评价 （5 分钟）	聆听教师课堂总结	1. 总结本次课堂学习内容和成果，强调本课“训练提示”的知识点 2. 点评学生学习表现，评出最佳表现者	教学课件	讲授法
环节六 学习“训练提示” （10 分钟）	1. 深度学习“训练提示”中关于辩论的相关知识点 2. 回答教师相关问题	1. 教师讲解“训练提示”的知识点 2. 启发引导学生回答所提问题	教学课件	讲授法
环节七 完成题目五 （30 分钟）	1. 观看辩论赛视频 2. 分小组完成题目五 3. 展示讨论结果	1. 播放教学视频 2. 布置课堂任务 3. 巡视各组学习讨论情况，回答学生提问 4. 听取各组学习情况汇报 5. 检查习题答案	教学课件 A4 纸 彩色卡纸 白板	讲授法 讨论法

续表

教学环节 （时间）	学生活动	教师活动	教学手段	教学方法
环节八 总结评价 （5 分钟）	聆听教师课堂总结	1. 总结本次课堂学习内容和成果，强调本课“训练提示”的知识点 2. 点评学生学习表现，评出最佳小组	教学课件	讲授法
环节九 布置作业 （学生课下查看“云班课”，不占用课堂时间）	1. 明确课后任务要求 2. 复习所学内容	1. 通过“云班课”发布课后作业 2. 在“云班课”中检查学生作业情况	学习软件	

六、学业评价

1. 根据课堂上的做题情况打分，按 80%权重折算成分数

2. 根据各小组整体表现，由教师给出小组成绩，再由各小组给出个人成绩，按 20%权重折算成分数

七、教学反思

教学结束后反思得失，提出教学策略、方法与手段的改进方向和措施